高职高专"十四五"连锁经营管理专业规划教材

连锁经营管理实务

（第三版）

童宏祥　王晓艳　主编

上海财经大学出版社

图书在版编目(CIP)数据

连锁经营管理实务/童宏祥，王晓艳主编．—3 版．—上海：上海财经大学出版社，2021．9

(高职高专"十四五"连锁经营管理专业规划教材)

ISBN 978-7-5642-3724-0/F・3724

Ⅰ．①连…　Ⅱ．①童…　②王…　Ⅲ．①连锁经营-经营管理-高等职业教育-教材　Ⅳ．①F717．6

中国版本图书馆 CIP 数据核字(2021)第 021274 号

□ 责任编辑　刘晓燕
□ 电　　话　021-65903667
□ 电子邮箱　exyliu @ sina. com
□ 封面设计　贺加贝

连锁经营管理实务
(第三版)

童宏祥　王晓艳　主编

上海财经大学出版社出版发行
(上海市中山北一路 369 号　邮编 200083)
网　　址：http://www. sufep. com
电子邮箱：webmaster @ sufep. com
全国新华书店经销
上海华教印务有限公司印刷装订
2021 年 9 月第 3 版　2021 年 9 月第 1 次印刷

710mm×960mm　1/16　11．5 印张　225 千字
印数：11 001—15 000　　定价：38．00 元
(本教材有电子课件和参考答案，欢迎向责任编辑索取)

前　言

“连锁经营管理实务”是高职连锁经营管理专业的一门专业课程，编者基于现代职业教育的理念，对《连锁经营管理实务》教材进行了修订。《连锁经营管理实务》（第三版）是以就业为导向、以工作过程为主线、以职业岗位能力为核心、以职业素质为基点构建教材的架构，确定教材的内容，选择相关的知识与技能。教材有下列四个方面的特色：

一是教材结构对接工作情景。教材从一个学习者的视角，介绍了连锁经营企业的基本业态、组织结构及职能、市场定位与策略，在此基础上叙述了连锁经营企业总部和门店的运营管理过程、内容、方法和要求，以学习情境为纽带呈现了连锁经营企业运营的基本框架。

二是教材内容对接工作内容。教材以我国连锁经营企业为背景，围绕企业运营过程这一主线，从企业及岗位的要求选择相关专业知识与技能，突出知识为技能服务的理念。

三是课程目标对接工作要求。本教材由企业部门经理等管理人员参与指导，直接引入了连锁企业的运营守则、操作要求和员工的行为准则，以职业标准为引领。

四是项目结构对接学生认知特点。教材每个项目分为若干个学习情境，每个情境由学习指南、体验活动、活动评价等模块构成，通过做学一体化的形式提高教学效果，体现了以学生为本的教学理念。

本教材结构新颖、自成体系、内容翔实、实用性强，可作为连锁经营管理专业“连锁经营管理实务基础”的课程教材。

本书由上海立达学院童宏祥教授、王晓艳讲师担任主编。具体编写的分工是：上海立达学院童宏祥教授（项目一、项目二），台湾醒吾科技大学林品宽助理教授（项目三），上海立达学院王晓艳讲师（项目四），台湾醒吾科技大学王建华博士（项目五），上海立达学院卢香竹老师（项目六），上海立达学院程欣然副教授（项目七），台湾醒吾科技大学余彦杰博士（项目八），台湾醒吾科技大学蓝俊雄教授(项目九)。本书在编写过程中参考了大量相关领域的文献,在此向有关著者谨表示诚挚的谢意! 由于时间与水平有限,书中难免有错误或纰漏,恳请同行和专家不吝赐教。

编　者
2021 年 3 月

目　录

项目一　初识行业
——连锁经营业态概况

学习目标

- 了解连锁经营、连锁店、市场定位的含义
- 熟悉连锁经营方式的基本特征
- 明确专业化、标准化、规模化和信息化的基本作用
- 掌握连锁经营三种类型的异同

项目背景

在现代大都市的生活环境中，各种便利店、大卖场、4S 店、连锁店等已经涉及食、衣、住、行、育、乐等行业，为我们的生活带来了便捷，也促进了城市的发展。

周学海同学立志将来在连锁行业从事连锁经营管理工作，报考了院校连锁经营管理专业。作为一名学习者，他需要了解连锁企业的产生、连锁经营企业的市场定位、连锁经营方式的基本类型。他带着这些想法进行本项目的学习。

学习情境一　连锁经营方式的特征与类型

连锁经营是一种商业运营模式，由于能对人、财、物进行最优化的资源配置，集商流、物流、信息流和资金流为一体，因此被越来越多的商家所采用。在现代大都市的生活环境中，连锁经营模式已经涉及食、衣、住、行、育、乐等行业，为我们的生活带来了便捷。

学习指南

一、连锁经营方式的特征

连锁经营是指经营同类商品或服务的若干个门店，以一定的形式组合成一个联合体，由经营总部根据整体规划进行专业化分工和集中化管理，并获取规模经济效益的一种经营方式。其基本特征如下：

1. 统一的组合标识

组合标识主要有四个方面：一是门店招牌、标识、商标、标准色、标准字、装潢、外观（见图 1—1）；二是门店布局（见图 1—2）；三是商品陈列（见图 1—3）、包装材料；四是员工服装（见图 1—4）、识别卡等。连锁企业通过统一组合标识在公众面前展现企业的外在形象，不仅有利于消费者识别连锁企业的门店，购买门店的商品，更重要的是能获取消费者对这种企业文化的认同，从而产生积极的消费行为。

图 1—1　门店外观

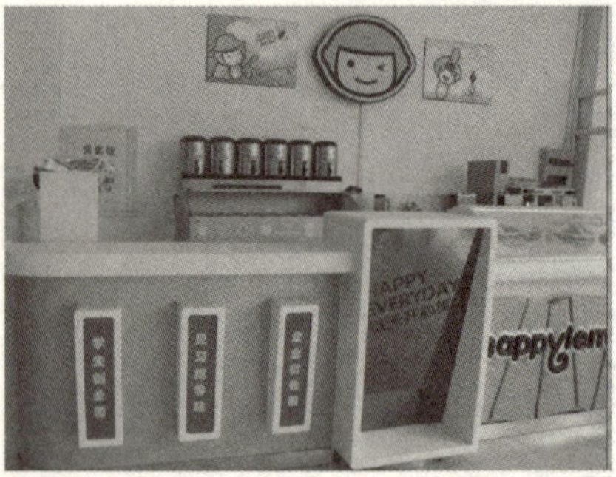

图 1—2　门店布局

图 1—3　商品陈列

图 1—4　员工服装

2. 统一的经营理念

连锁企业为了实现自己的经营目标，必须根据企业条件、市场环境、经营方式和经营特色形成核心、统一的经营理念，引导企业的经营活动，影响从业人员的行为规范。企业文化与经营理念是企业经营的灵魂，统一的经营理念是实现企业经营目标的根本条件。

案例链接　　**CitySuper 的经营理念**

高端超市 CitySuper 的经营理念是为消费者提供“一种生活品位与品质的选择”，其每一种商品都是精中选精、优中择优，遴选了来自世界各地最优质的品种，以满足那些对生活细节极为讲究、能够用舌头分辨出牡蛎脱离海水多少个小时的客户。

3. 统一的商品与服务

连锁企业门店经营的商品是总部根据目标客户群的需求而确定的，商品的种类、规格、数量都将依据客户要求不断地进行调整。所有门店的服务规范也是由总部根据企业管理目标统一制定，从业人员必须严格执行。整齐划一的商品（见图 1—5）和规范的服务能使消费者产生信任感，增强对企业的忠诚度，是实现企业经营目标的主要途径。

图 1—5　整齐划一的商品

4. 统一的经营管理

连锁企业为了实现经营目标，在经营管理过程中实现专业化、标准化、规模化和信息化。其中，专业化是现代服务业发展的基础，标准化是现代服务业发展的灵魂，规模化是现代服务业发展的要求，信息化是现代服务业发展的动力。

(1)专业化

专业化主要表现为三个方面：一是职能分工，如总部的主要职能是管理，门店的主要职能是销售；二是岗位分工，如商品部主要负责采购，物流部主要负责配送，人力资源部主要负责招聘、培训与人事管理等；三是人员分工，根据从业人员的经历、能力、学历等不同情况，分配适宜的工作岗位，做到人尽其才。

(2)标准化

标准化主要表现为四个方面：一是连锁门店整体格局具有统一标准，如门店外观特征与从业人员服饰的一致性；二是商品与服务具有统一标准，如商品种类与服务规范的一致性；三是工艺与操作具有统一标准，如工艺要求与操作流程的一致性；四是考核评估具有统一标准，如考核标准与评估形式的一致性。

(3)规模化

规模化是连锁经营的主要策略，不仅要求连锁企业设立时必须达到一定的门店数，还要在初期迅速扩张门店的规模。规模化是连锁经营方式产生的客观条件，能直接产生较好的经济效益。

(4)信息化

信息化主要表现为"三个交互"：一是通过网络实现了门店之间、门店与总部之间的商流、物流、资金流、信息流的即时交互；二是通过网络实现了总部与供应商之间的商流、物流、资金流、信息流的即时交互；三是通过网络实现了企业与消费者之间的商流、物流、资金流、信息流的即时交互(见图1—6)。经营管理过程的信息化不仅减少了大量的从业人员，还增强了时效性和准确性，大大降低了生产或服务成本，给企业带来了可观的经济效益。

图1—6　企业与消费者信息交互

二、连锁经营方式的类型

根据企业经营所有权的不同，连锁经营方式可分为直营连锁、特许连锁和自由连锁三种基本类型。

1. 直营连锁

(1)直营连锁的含义

直营连锁又称正规连锁，是指连锁企业总部通过独资、控股和兼并等途径开设多家门店，对人、财、物以及商流、物流、信息流进行统一管理，实施统一领导、统一经营。

(2)直营连锁的特征

直营连锁的特征主要表现为两个方面：一是门店所有权归属同一个投资者，各门店不具有独立的法人资格；二是门店由总部统一领导、统一经营、统一核算，各门店依据总部的经营方针、经营方案、人事制度和分配制度执行。

(3)直营连锁方式的优劣

直营连锁方式的最大优势是能产生较好的经济效益。具体表现为两个方面：一是利用高度集权管理与规模优势进行统一经营，开展有效的现代化经营管理，运用现代化信息管理手段，从而降低管理成本、提高经济效益；二是利用企业整体实力从金融机构获得低利率的贷款，从供应商获得较高的折扣，可降低资金与商品成本，增加企业的经济效益。

直营连锁方式的劣势是缺乏张力。具体表现为两个方面：一是总部以单一资本向市场辐射，建立一家家门店，完善各类管理设施和设备，将会受到资金的限制，影响企业的发展速度；二是高度统一导致门店与总部的利益关系不紧密，缺乏活力，积极性与创造性受到了限制。

案例链接　　直营连锁企业——统一超商(上海)便利公司

7-ELEVEn于1927年在美国得克萨斯州达拉斯市创立。1978年台湾统一超级商店股份有限公司与7-ELEVEn合作，从1980年建立第一家便利店起，至2011年9月22日止，共有4 776家“7-ELEVEn”门市，在门市总数上仅次于美国、日本与泰国，但在人口平均与分店密度方面，则位居世界之冠。

台湾统一超商于2008年获上海“7-ELEVEn”特许经营权，斥资新台币1亿元成立统一超商(上海)便利公司，在2015年前利用雄厚资金，每年在上海拓展100家直营门店，形成规模，在该段时期独霸便利市场一方。

2. 特许连锁

(1)特许连锁的含义

特许连锁又称合同连锁、加盟连锁，是指特许人通过签订合同授权被特许人使用其商标、商号、经营模式等经营资源，被特许人按合同约定在统一经营体系下从事经营活动，并向特许人支付特许经营费。特许人是指连锁总部，或称加盟总部、特许总部，被特许人是指加盟店，转让的是知识产权。

(2)特许连锁的特征

特许连锁的特征表现为两个方面：一是特许的媒介是合同，特许人、被特许人的权利与义务在合同中约定，并产生法律效力；二是所有权与经营权分离，门店所有权归属不同投资者，经营权归属总部。

(3)特许连锁方式的优劣

特许连锁方式的最大优势是能使特许连锁企业的双方产生较好的经济效益。具体表现为两个方面：一是连锁总部通过加盟的途径，不仅可运用较少的资金占有较大的市场，成为利润的增长点，还可通过众多的整齐划一的加盟店，展现连锁企业的形象，从而促进商品销售；二是加盟店通过加盟的途径，运用少量资金就可创业，享受盟主企业的知识产权、管理经验和价廉物美的商品，不仅能降低创业风险，还能保证一定的资金回报。

特许连锁方式的劣势是盟主难以掌控加盟店以及加盟店缺乏经营活力。具体表现为两个方面：一是由于所有权与经营权分离、连锁总部管理与监控条件的限制、加盟店的参差不齐和利益驱动等因素，对消费者的服务质量、诚信难以掌控，会出现损害连锁企业信誉的现象；二是由于加盟合同对经营范围的约束，不利于发挥加盟店的积极性与创造性。

案例链接　　特许连锁企业——肯德基加盟商

特许经营是肯德基品牌策略成功的代表作。1998年肯德基在中国市场公开加盟特许经营的申请条件，至今肯德基在中国的店中，5%是加盟店。

具体做法是：加盟商与肯德基中国总部签订至少为期10年的加盟经营协议，支付37 600美元的特许经营初始费，再支付800万元至200万元人民币不等的转让费后，可接手一家正在营运的肯德基餐厅。同时要接受为期12周的培训，掌握经营管理知识与技能，认同肯德基企业文化，并进行为期5～6个月的餐厅管理实习。对于肯德基来说，每转让一个店获利可观，周而复始。对加盟商来说，可利用肯德基的品牌，通过自己辛勤经营而获利匪浅。

3. 自由连锁

(1)自由连锁的含义

自由连锁又称自愿连锁,是指企业之间为了共同利益结合而成的事业合作体,通过签订合同约定开展经营活动,达到共享规模效益的目的。通常由一家或若干家企业组成自由连锁总部,然后吸收其他企业加盟,对其经营进行指导,并承担货物采购与配送业务。

(2)自由连锁的特征

自由连锁的特征表现为三个方面:一是总部与分店不是隶属关系,自由连锁各成员店仍是独立法人,实行独立核算,自负盈亏和人事自主;二是总部与分店不是紧密的合作关系,各分店在经营范围与方式上都有较大的自主权;三是总部向分店征收加盟金,分店每年还要按销售额的一定比例向总部缴纳款项。

(3)自由连锁方式的优劣

自由连锁方式的最大优势是布点快、自主性强、规模效益明显。具体表现为三个方面:一是通过自愿协商的形式形成自由连锁链,扩张快,具有可观的市场规模效益;二是总部统一采购与配送,可降低运营成本;三是分店独立性强,积极性高,形成集中与灵活的有效机制,促进自由连锁业态的发展。

自由连锁方式的劣势是协同性差,集中优势的发挥受到影响。具体表现为两个方面:一是由于加盟店是独立法人,实行独立核算、具有较大的自主经营权,在与总部经营策略产生矛盾时,会顾全自己的利益,影响整体的利益;二是缺乏高度统一的组织机构体系,对市场的决策比较慢,集中统一的运作优势会受到一定影响。

案例链接　　国际自由连锁组织——SPAR

全球最大的自由连锁超市组织SPAR于1932年创建于荷兰,业务遍布全球34个国家,拥有1 000多个零售商合作伙伴、1.5万多家会员门店。山东家家悦连锁超市是其在中国的第一个会员,进行现代超市管理理念的培训,从文字说明到色彩搭配,从货架陈列到物品摆放,进行统一改造,Logo上还注明"SPAR"字样,促进了营业额同比增加30%多。山西美特好超市有限公司总裁对《第一财经周刊》说:"加入SPAR以后采购成本下降了四个百分点。"

相关知识

三种连锁经营方式的比较

比较项目	直营连锁	特许连锁	自由连锁
门店所有权	同属一个所有者	门店经营者	门店经营者
门店资金来源	总部出资	加盟店出资	加盟店出资
门店经营决策	总部做出	总部为主、加盟店为辅	参照总部决策，有自主权
门店经营权	总部统一经营	门店自主经营	门店自主经营
主要经营范围	商业和服务业	商业、零售业、信息产业、服务业、餐饮业、制造业等	商业、零售业、信息产业、服务业、餐饮业、制造业等
门店外观形象	完全一致	完全一致	基本一致
门店之间关系	无横向联系	无横向联系	有横向联系
门店自主权	完全没有	基本没有	原则上有
总部与门店关系	上下级行政关系	特许加盟关系	自愿加盟关系
总部对门店指导	按照运营手册	按照运营手册	原则性指导
商品供应来源	总部统一进货	总部统一进货	总部进货多、门店进货少
商品价格管理	总部统一制定	原则上总部统一制定	门店制定
商品促销	总部统一实施	总部统一实施	门店自愿加入
教育培训	总部统一实施	总部统一实施	门店自愿加入
总部对门店的约束力	按内部管理制度执行	按合同规定执行	按协议规定执行
总部对门店征收费用	无	特许经营费、保证金	会费
门店拓展速度	慢	快	更快

体验活动

一、活动背景

根据自愿组合的原则，由 5 名学生组成一个学习活动小组，每个学习活动小组推荐 1 位组长，共同参与实地考察体验活动。

二、活动要求

请根据连锁经营方式特征的相关知识，每组在服装、化妆品、餐饮、家电、酒店、教育、旅游等行业中选择一家连锁企业，并根据实际情况依次填写以下特征：

1. 连锁企业全称：________________

2. 连锁企业门店数：________________

3. 统一的组合标识：________________

4. 统一的经营理念：________________

5. 统一的经营商品：________________

6. 统一的经营管理：________________

活动评价

团队成员活动测评表

测评内容	评判标准	总分	自评分
连锁企业全称	不填，扣 10 分；不规范，扣 5 分	10	
连锁企业门店数	不填，扣 10 分；不规范，扣 5 分	10	
统一的组合标识	不填，扣 20 分；缺 1 个内容，扣 5 分	20	
统一的经营理念	不填，扣 20 分；缺 1 个内容，扣 5 分	20	
统一的经营商品	不填，扣 20 分；缺 1 个内容，扣 5 分	20	
统一的经营管理	不填，扣 20 分；缺 1 个内容，扣 5 分	20	
合　计		100	

团队活动测评表

测评内容	评判标准	总分	团队自评分
团队合作完成质量	较好达到目标	20	
	基本达到目标	15	
	未达到目标	15	
团队协作精神情况	互助精神较好	20	
	互助精神一般	15	
	互助精神较差	15	
合　计		100	

学习情境二　连锁经营业态的产生与发展

连锁经营是一种商业运营模式，由于能对人、财、物进行最优化的资源配置，集商流、物流、信息流、资金流于一体，被越来越多的商家所采用。1959 年国际连锁加盟协会（International Franchise Association，IFA ）成立，制定了特许经营规范和营运标准，进一步推动了连锁业态在全球范围蓬勃的发展。

学习指南

一、连锁业态起源于美国

1859 年，乔治·F·吉尔曼和乔治·亨廷顿·哈特福特两人在美国纽约创办了全球第一家颇具规模的连锁企业——大美国茶叶公司，直接从中国和日本进口大量茶叶，以低价销售获得成功，并在 1860 年开设了第 2 家门店。到 1865 年，大美国茶叶公司发展到 26 家分店，全部设在纽约的繁华商业街。1869 年，大美国茶叶公司更名为大西洋与太平洋茶叶公司（The Great Atlantic & Pacific Tea Company，A&P），总部位于新泽西州蒙特威尔（见图 1—7），经营地区为太平洋和

图 1—7　大西洋与太平洋茶叶公司

大西洋之间的整个大陆，经营范围也从茶叶扩大到咖啡、可可茶、糖、各种浓缩汁和发酵粉等商品。该公司1930年有16 000家店铺，销售额达10亿美元，是当时世界上最大的零售商，1936年采用自助式超市概念，并在1950年拥有4 000家大型商场。

1929年起，美国采用连锁经营组织形式的零售企业逐年增加，如福特汽车公司将汽车经销权授予全美各地的代理商，Texaco石油公司将其石油品牌授权给各地加油站使用，可口可乐公司授权2 000多个瓶装厂生产商销售可口可乐。据统计，1929年美国拥有4家分店的连锁企业占全部零售门店总数的10.8%，到1992年提升至20%，其间最具代表性的大型连锁企业有麦当劳、肯德基、柯达和富士等。

二、连锁业态发展于日本

1910年，藤井林右卫门在日本横滨市创办了不二家株式会社，开设了“不二家”西式糕点咖啡店，生产并销售蛋糕和糖果等食品，1963年在京都开设了第1号加盟店，以直营连锁经营方式为主(见图1—8)。该公司于1997年开设网站，2013年在日本开办了1 000多家西式点心店和西式餐馆，是日本独具风格的大型休闲食品公司。

图1—8 “不二家”连锁门店

随后，7-ELEVEn、FamilyMart等各大连锁便利商店先后诞生，西友等超级市场连锁店的数量迅速增长。从20世纪80年代起，日本连锁业向信息化发展，销售信息管理系统(POS)和企业内部信息通讯网(LAN)逐步得以推广，工作效率增加了3倍，促进了连锁经营业态的发展，连锁企业中开始有上市公司，也有外资合作，并逐步向海外发展。以7-ELEVEn为例，1974年5月日本第一家门店在日本东京开张，到2003年增加到了10 000家，2005年在中国广东省开出200家门店(见图1—9)。

图1—9 7-ELEVEn连锁门店

三、连锁业态兴旺于中国

1984年，皮尔·卡丹专卖店在北京落地，开启了中国连锁经营的先河。1986

年，天津立达集团公司建立了天津立达国际商场并在国内率先组建连锁店，拉开了我国本土连锁经营的序幕。1991 年，上海联华超市商业公司成立，三年内分店超过 300 家。1993 年起，连锁经营方式开始从超市、便利店、快餐店等向酒店、教育、体育、电器、服饰等其他行业拓展，例如新东方教育、如家酒店、安踏体育、苏宁电器、易居中国、美邦服饰等。2001 年至 2010 年，中国连锁百强企业店铺以年均 50%的增速提升，销售额年均增长达 36%。与此同时，1987 年至 1990 年，肯德基、麦当劳、沃尔玛、家乐福和麦德龙等为代表的全球型连锁集团正以快速的步伐全面进入中国市场，全家便利超商、统一便利超商等大型连锁集团凭借共同的人文优势在大陆市场大举扩张。

伴随着互联网、大数据、人工智能、物联网等技术的产生与应用，餐饮企业、零售门店主动拓展线上市场空间，重视消费体验，而且网络零售向智能制造领域延伸，先后出现了 O2O 体验店、无人商店、网店等新商业模式，每年举行“双十一”等促销大节。2019 年，中国网民规模已超过 9 亿人，互联网普及率达 64.5%；网上零售额为 10.63 万亿元，同比增长 16.5%，实物商品网上零售额为 8.52 万亿元，占社会消费品零售总额的比重上升到 20.7%。

案例链接　　　　百联集团全渠道新零售生态圈

百联集团依托人工智能、智能支付、物联网、大数据等应用新零售技术多重赋能，结合集团原有的零售业态，打破了线上线下、地域、供应链、品类等边界，让线上线下融合互通，通过大数据的分析进行精准服务，提高消费者的黏性、复购率和会员转化率。与此同时，百联集团搭建了完善的会员积分体系，打通线上线下会员体系，并通过人人惠转发分润模式，让员工和会员都可以通过转发、分享等赚取百联通积分，增进了会员、员工的互动营销。

体验活动

一、活动背景

根据自愿组合的原则，由 5 名学生组成一个学习活动小组，每个小组成员分工协作，上网查询目前美国、日本、法国和中国具有代表性的连锁企业概况。

二、活动要求

根据查询的信息，请按照下列栏目的要求填写连锁经营企业的有关情况。

国家名称	企业名称	创办时间	经营主要品类	经营特色
美国				
日本				
法国				
中国				

活动评价

团队成员活动测评表

测评内容	评判标准	总分	自评分
企业名称	不填，扣 15 分；缺 1 个，扣 3 分	15	
创办时间	不填，扣 15 分；缺 1 个，扣 3 分	15	
经营主要品类	不填，扣 40 分；缺 1 个，扣 4 分	40	
经营特色	不填，扣 30 分；缺 1 个，扣 10 分	30	
合　计		100	

学习情境三　连锁经营企业市场定位与战略

在市场上，连锁企业以何种形象出现，给政府、银行、行业、相关企业和消费者留下何种印象，这就需要进行市场定位。市场定位是连锁企业制定经营战略的基础，只有明确市场定位，战略才有科学性、指导性和可行性，才可指导连锁门店的经营与管理。

学习指南

一、连锁经营企业的市场定位

1. 连锁经营企业的含义

连锁经营企业是指经营同类商品、使用统一商号的若干门店，在同一总部的管理下，采取统一采购或授予特许权方式，实现规模效益的经营组织形式。目前，连锁经营已经涉足于大多数的服务业，如快餐服务行业、家电服务行业、汽车服务行业、商品零售服务行业、教育培训服务行业、房屋中介服务行业、旅游服务行业、家具销售服务行业等领域(见图 1—10)。

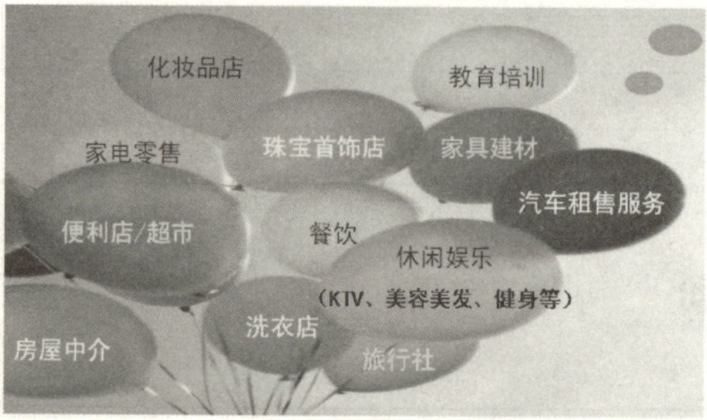

图 1—10　连锁业态

相关知识

连锁门店数量的规定

关于连锁门店数量的规定，各个国家和地区间有较大差异，无统一规定。详见下表：

国家或地区	数　量	发布机构名称
中国	10 家以上	中国商务部
美国	2 家以上	美国工商普查局
日本	10 家以上	日本连锁加盟协会
加拿大	7 家以上	加拿大统计局

2. 连锁企业市场定位的含义

连锁企业市场定位是指企业根据竞争者在市场上所处的位置，针对顾客的需求，为本企业的经营服务塑造与众不同的、给人印象鲜明的形象，并将这种形象生动地传递给顾客，从而使本企业在市场上确定适当的位置。下面列举国外零售企业的市场定位的案例：

(1)区域零售的标兵——赫伯(H—E—B)

赫伯公司于1905年在美国得克萨斯州开业，目前有几百家门店，大多分布在美国得克萨斯州和墨西哥的155个社区，形成了较为密集的区域优势，先后获得美国“最佳杂货店”“年度零售商”“消费者最喜爱的零售商”“年度最佳自有品牌零售商”等多项殊荣。赫伯公司经营优质的农产品，20世纪90年代初开发出差异化自有品牌3 000多个，随后又开发出高质低价的Hill Country Fare食品系统，并组建了自有品牌产品评估中心、实验厨房和包装设计部门，组建了自己的质量保证小组，运转多套自有品牌生产设备。自有品牌就是赫伯公司的市场定位，是在过去的一百多年里与顾客建立起来的关系和信任的延伸。

(2)百货业的榜样——梅西(Macy's)

梅西百货公司于1929年在美国成立，2013年有840家百货店，当年销售额达到279亿美元，旗下拥有梅西和布鲁明戴尔(Bloomingdale's)两个品牌。梅西百货公司成功的秘诀就是它的商品经营，90%以上的商品为自采自营，自有品牌达到35%—50%。自有品牌就是梅西百货公司的市场定位，并进入电商领域。

(3)折扣店的老大——阿尔迪(Aldi)

连锁折扣商店阿尔迪于1962年在德国成立(见图1—11)，目前拥有约一万家门店，2008年全球十大首富中排名第十、2009年全球十大首富中排名第六。阿尔迪(ALDI)折扣商店的名称取自创始人姓名阿尔布雷希特(Albrecht)和折扣(Discount)的前两个字母，体现出市场的定位。阿尔迪连锁折扣商店坚持服务大众的经营原则，提供价廉物美的商品，不仅低薪阶层情有独钟，也颇受部分中产阶层的青睐。据统计，目前德国75%的居民经常在阿尔迪采购。

图1—11　阿尔迪

(4)会员店的宗师——开市客(Costco)

开市客是全球第一家会员制的仓储批发卖场(见图1—12)，于1976年在美国成立，2013年在全球八个国家和地区拥有580多家分店，销售额达779亿美元，超过6 200万的会员，是美国第三大零售商。2019年8月27日，开市客在中国的首家门店于上海闵行区正式开业。开市客的市场定位就是以最低价格为会员提供高品质的商品，开拓市场和占领市场。

图 1—12　开市客

3. 连锁企业市场定位的步骤

连锁企业市场定位的步骤分为以下三个阶段：

(1)确定自身潜在的竞争优势

连锁企业可以从三个方面进行分析：一是目标市场上的竞争者主要有哪些，其做什么，做得如何。二是目标市场上的消费者需要什么，满足程度如何。三是本公司能做什么，优势如何。

(2)选择竞争的相对优势

连锁企业选择竞争的相对优势有三个方面的视角：一是本公司能超越竞争者的优势有哪些，二是本公司具备超越竞争者的优势潜力是什么，三是本公司通过努力能超越竞争者的优势会有哪些方面。

(3)确定市场定位

连锁企业可以通过三个途径明确市场定位：一是本公司经营的产品要在目标消费群中独占鳌头，二是本公司经营服务要在目标消费群中独占鳌头，三是本公司的形象要在目标消费群中独占鳌头。

二、连锁经营企业的战略

在一个规范、有序的市场环境中，连锁经营企业要想在竞争中取胜，要想取得长远的发展，必须有一套清晰的战略。连锁经营企业战略是企业决策者为实现经营目标，对社会各种现状进行一系列的综合分析而确定的，主要包括运营战略、发展战略、竞争战略等。

1. 运营战略

运营战略是指连锁经营企业为实现经营目标，通过对企业的外部环境和内部条件的分析而制定的中长期规划。运营战略主要包括顾客满意战略、市场化战略、规模经营战略、标准化战略和专业化战略五个方面(见图 1—13)。顾客满意战略是指坚持顾客第一、顾客至上的理念，并始终以消费者满意为宗旨；市场化战略是指按照市场规律进行运作，做到产权明晰、责权利明确，追求最大经济效益；规模经营战略是指通过增加门店数量和扩大门店经营规模来获取规模经济效益的策略；标准化战略是指通过制定统一的服务标准和企业形象来获取顾客认可的策略；专业化战略是指根据经营环节形成专业分工，形成良好的运作机制的策略。

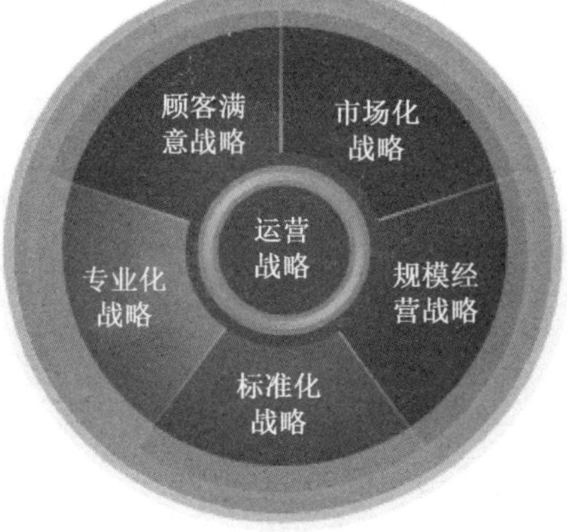

图 1—13　运营战略

案例链接　　沃尔玛的顾客满意战略

美国沃尔玛零售连锁集团连续多年荣登《财富》全球 500 强之首。创始人山姆·沃顿说过："我们的老板只有一个，那就是我们的顾客。"沃尔玛的营业场所总是醒目地写着其经营信条："第一条：顾客永远是对的；第二条：如有疑问，请参照第一条。"这种服务理念融入经营服务中，让顾客在每一家连锁店都感到"这是他们的商店"，都会得到"殷勤、诚恳的接待"，以确保"不打折扣地满足顾客需要"，这是沃尔玛的成功之道。

2. 发展战略

制定发展战略必须根据连锁经营企业内部和外部的环境选择不同的发展方式。连锁经营企业的发展战略主要有四个方面：一是资本战略，系指连锁企业通过银行贷款、社会集资等形式积累发展资金，满足企业发展需要；二是方向战略，系指连锁企业向哪个业态和区域扩张；三是模式战略，系指连锁企业根据经营目标、外部环境和内部条件进行决策，包括门店数增加、连锁加盟和兼并等；四是速度战略，系指连锁企业根据经营目标、外部环境和内部条件确定企业的发展速度，二者必须相宜。

案例链接　　华润万家的速度战略

根据华润万家资料显示，2014 年，公司全国自营门店实现销售额 1 040 亿元，自营门店总数达 412 家。华润万家内部人士透露，2014 年第四季度正式并购英国的零售商 Tesco 店铺后，零售业务亏损达 7 亿元人民币。华润 CEO 洪杰强调，华润万家的重组融合有一定的挑战，但从未来来看，企业整体转型、变革的挑战更大。

3. 竞争战略

竞争战略是指连锁经营企业在发展到一定规模后，为实现企业价值最大化而同业内其他企业之间产生的市场份额和客户占有率方面的争夺战略。竞争战略主要有以下三种：

(1)成本领先战略

成本领先战略是指连锁经营企业通过有效途径降低成本，形成对竞争对手的优势的一种战略。连锁经营企业降低成本的途径主要有：找出降低企业经营成本的因素，进行合理整顿；合理安排人、财、物资源配置，有效进行系统成本控制；扩大经营规模，努力创造规模经济效益；降低采购成本，与供应商建立良好的合作关系；开发产品，建立自有品牌。

案例链接　　沃尔玛的成本领先战略

美国沃尔玛零售连锁集团的成功之道之一，就是采取了成本领先战略，特别注重价格竞争，提出了“销售的商品总是最低的价格”的口号。为了长期保持价格优势，沃尔玛采取了有效的成本控制。具体途径：一是争取低廉进价。避开中间环节，直接从工厂进货；以雄厚的经济实力进行议价，缩短向供应商的付款时间。二是建立先进的物流管理系统。采用机械处理，减少了人工处理商品的费用，卫星通信网络能在短时间内完成订货，先进的运输系统保证快速送货，减少门店库存。三是营销成本的有效控制。沃尔玛的营销成本仅占销售额的 1.5%，商品损耗率仅为 1.1%，远远低于一般美国零售商店的平均值 5%和 2%。

(2)差异化战略

差异化战略是指连锁经营企业以不同于竞争对手的产品、服务和形象等为特色,通过创新赢得特定的消费群。制定差异化战略的步骤是:首先,要了解顾客需要什么,看重的价值是什么,支付价格是多少,从中找出差异化方向;其次,要创造连锁经营企业的经营特色与品牌,并使消费者感知到这种独特的价值,而这种特色在短时期内难以模仿与超越。差异化战略是有阶段性的,连锁经营企业要不断地保持创新能力,持续走差异化的道路,才能获得在市场竞争中的优势地位。

案例链接　　苹果公司的差异化战略

苹果公司成立于1976年,已发展为全球第一大手机生产商和世界上市值最大的上市公司之一。在电子产品已被高度细分的环境下,苹果公司还是推出了多款"首个"产品,不仅在外观和功能上均独具特色,更通过全新的足以与微软抗衡的系统和极具神秘感的营销手段,以及附加的itunes个人的在线专属服务,征服了无数"果粉",不断引领时尚潮流。

(3)集聚目标战略

集聚目标战略是指连锁经营企业通过长期的资源集中投入,来满足特定地区的顾客群对某产品的需求。集聚目标战略有三大作用:一是可帮助连锁经营企业选择市场薄弱的环节,避开与强者正面的竞争;二是能以有限的资源、更高的效率在较小的范围内超过竞争对手;三是能较快地降低企业经营成本,提高经济效益。

体验活动

一、活动背景

根据自愿组合的原则,由5名学生组成一个学习活动小组,每个小组成员分工协作,上网查询我国服装、化妆品、餐饮、家电、酒店、教育、旅游等行业中一家大型连锁企业的市场定位和主要经营战略。

二、活动要求

请根据查询的信息,按照下列栏目的要求填写相关内容。

行业类别	企业名称	市场定位	主要经营战略

活动评价

团队成员活动测评表

测评内容	评判标准	总分	自评分
行业类别	不填，扣 15 分；缺 1 个，扣 3 分	15	
企业名称	不填，扣 15 分；缺 1 个，扣 3 分	15	
市场定位	不填，扣 20 分；不完整，扣 10 分	20	
经营战略	不填，扣 50 分；不完整，扣 10 分	50	
合　计		100	

团队活动测评表

测评内容	评判标准	总分	团队自评分
团队合作完成质量	较好达到目标	20	
	基本达到目标	15	
	未达到目标	15	
团队协作精神情况	互助精神较好	20	
	互助精神一般	15	
	互助精神较差	15	
合　计		100	

知识与技能测试

一、单项选择题

1. 直营连锁又称（　　）。

A. 自由连锁　　B. 特许连锁　　C. 合同连锁　　D. 正规连锁

2.(　　)是指连锁企业总部通过独资、控股和兼并等途径开设多家门店，对人、财、物以及商流、物流、信息流进行统一管理，实施统一领导、统一经营。

A. 自由连锁　　B. 特许连锁　　C. 合同连锁　　D. 直营连锁

3. 在特许连锁中，特许人向被特许人转让的是(　　)。

A. 资金　　B. 知识产权　　C. 合同　　D. 店面

4. 连锁企业组合标识，以下不属于其范畴的是(　　)。

A. 招牌与装潢　　B. 商标与标志　　C. 标准色与标准字　　D. 规章制度

5. 直营连锁方式存在局限性，以下表述错误的是(　　)。

A. 缺乏统一领导　　B. 积极性受到限制

C. 创造性受到限制　　D. 资金受到限制

6. 自由连锁又称(　　)。

A. 平行连锁　　B. 特许连锁　　C. 自愿连锁　　D. 直营连锁

7.(　　)是指连锁经营企业以不同于竞争对手的产品、服务和形象等为特色，通过创新赢得特定的消费群。

A. 集聚目标战略　　B. 差异化战略　　C. 竞争战略　　D. 成本领先战略

8.(　　)是指连锁经营企业为实现经营目标，通过对企业的外部环境和内部条件的分析而制定的中长期规划。

A. 运营战略　　B. 成本领先战略　　C. 竞争战略　　D. 差异化战略

二、多项选择题

1. 连锁经营的三种基本类型为(　　)。

A. 特许连锁　　B. 平行连锁　　C. 自由连锁　　D. 直营连锁

2. 连锁经营方式的基本特征是(　　)。

A. 统一的组合标识　　B. 统一的经营理念

C. 统一的商品及服务　　D. 统一的经营管理

3. 连锁经营是一种商业运营模式，能对(　　)进行最优化的资源配置。

A. 人　　B. 财　　C. 物　　D. 信息

4. 连锁企业为了实现经营目标，在经营管理过程中实现(　　)。

A. 专业化　　B. 标准化　　C. 规模化　　D. 信息化

5. 连锁经营管理信息化可通过网络实现门店之间、门店与总部之间的(　　)即时交互。

A. 商流　　B. 物流　　C. 资金流　　D. 信息流

6. 特许连锁有多种表述，以下表述错误的是(　　)。

A. 合同连锁　　B. 加盟连锁　　C. 自由连锁　　D. 直营连锁

7. 直营连锁方式存在局限性，以下表述错误的是(　　)。

A. 盟主难以掌控加盟店　　B. 加盟店缺乏活力

C. 工作人员受到限制　　D. 资金受到限制

8. 连锁经营企业的战略主要包括(　　)。

A. 加盟战略　　B. 运营战略　　C. 发展战略　　D. 竞争战略

三、判断题

1. 连锁经营的模式已经涉及经济领域的全部行业。(　　)

2. 经营同类商品的若干家门店可称为连锁店。(　　)

3. 关于连锁门店数量的规定,各国家、地区间有较大差异,无统一规定。(　　)

4. 直营连锁企业中,各分店具有独立的自主权。(　　)

5. 连锁门店统一的组合标识不仅有利于消费者的识别,更重要的是能获取消费者对该连锁企业文化的认同,从而产生积极的消费行为。(　　)

6. 连锁企业发展速度至关重要,为尽快取得规模经济效应,必须不惜一切代价迅速扩张。(　　)

7. 规模化是连锁经营方式产生的客观条件,能直接产生较好的经济效益。(　　)

8. 比起特许连锁,采取直营连锁的门店拓展速度更快。(　　)

四、简答题

1. 简述连锁经营方式的基本特征。

2. 简述我国连锁经营行业产生与发展的概况。

3. 简述连锁经营企业的市场定位和主要经营战略。

项目二　了解业界
——连锁经营企业组织结构与职能

学习目标

- 了解连锁经营企业组织结构的含义
- 熟悉连锁经营企业组织架构的形式
- 明确连锁经营企业总部组织机构的职能
- 掌握连锁经营企业门店主要岗位的职责

项目背景

企业的经营与管理都离不开组织结构，连锁经营企业由于自身的经营特点，其组织结构及职能与传统商业企业有着明显的差异。

周学海同学作为连锁经营管理专业的一名学习者，毕业后要从事连锁门店经营管理的工作，因此想了解连锁经营企业组织架构、基本职能和连锁总部、门店的主要岗位职责。他带着这个意愿进行本项目的学习。

学习情境一　连锁经营企业组织结构的形式

组织结构是指组织内部分工协作的基本形式或框架，表明组织各部分的排列顺序、空间位置、各要素之间的相互关系。连锁经营企业组织结构是指连锁经营企业全体员工为实现企业目标而进行的分工协作，在职务范围、责任、权力方面所形成的结构体系，展示组织内的等级与权力、角色与职责、功能与关系。

学习指南

一、连锁经营企业组织结构设计

1. 连锁经营企业组织结构设计的基本原则

组织结构的构建是否合理，直接关系到工作效率，并涉及连锁经营企业的生存与发展。连锁经营企业组织结构设计的基本原则如下：

(1)统一原则

组织架构机制要与企业经营目标相一致，采取直线领导，上下级线条明晰、责任明确，部门与岗位工作任务粗细适当，人员配备适当。

(2)责任原则

组织架构的功能要与管理权限相匹配，管理范围要与职权相对称，权利与责任要相一致。如果有职无权或权限不当，就无法履行其职；如果有权无责，就会滥用权力，缺乏约束。

(3)效率原则

组织架构的层级要与企业规模相对应，职能部门和岗位的设置要合理高效，层级太多会导致沟通不畅，层级太少会影响管理力度。

2. 连锁经营企业组织结构设计的基本要求

连锁经营企业组织结构设计的基本要求有以下三个方面：

(1)目标任务到位

按照连锁经营企业的战略目标建立合理的组织架构，明确管理层次，界定管理部门的职责。

(2)工作任务落实

按照具体工作目标和工作任务，围绕连锁经营企业的运营过程，确定职能部门的工作职责。

(3)组织脉络互通

连锁经营企业组织系统是一个相互依存、互为作用的有机架构。上下级部门线条清晰，职责明确；横向部门的职责界定清楚，部门之间的关系协调合理。管理机构运行顺畅，工作效率就会提高。

二、连锁经营企业组织结构形式

连锁经营企业安排多少岗位、设立多少部门以及确定各部门之间的关系完全取决于企业的发展规模和经营管理目标，不同的连锁经营企业的组织结构也呈现不同的形式。连锁经营企业组织结构主要有以下三种形式：

1. 直线型组织

直线型组织结构是最简单的组织结构形式，职权是从高层垂直向下，经过若干个管理层到达最低层，下级对上级负责，无横向联系，最高领导集权于一身。其主要优点是能统一指挥，集中管理，权限清晰，职责分明，机构简洁，高效简便。主要缺点是缺乏横向协调，容易顾此失彼。直线型组织适用于门店数目不多、门店面积不大、经营商品较少、经营区域集中的小型连锁经营企业，通常处于创业期。由于连锁经营企业规模较小，管理并不复杂，可由总经理一人负责所有总部业务，各分店经理对总经理负责。具体如图 2—1 所示。

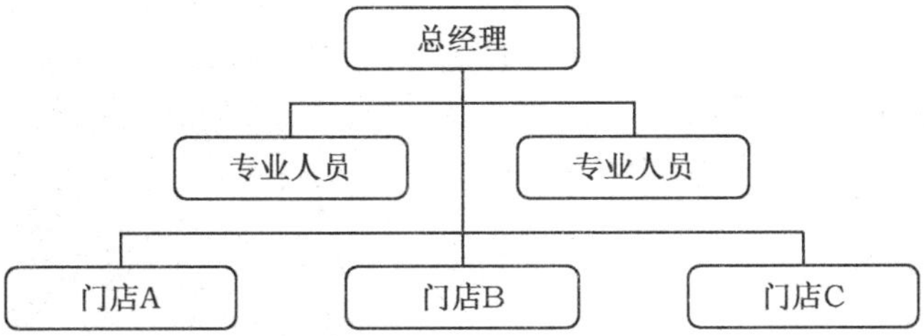

图 2—1　直线型组织

2. 直线职能型组织

直线职能型组织是指按照管理职能设立管理部门，协助经营者工作，并对各分店实行专业指导的组织结构形式。其主要优点是：各级直线管理者都有相应的职能机构和人员作为参谋和助手，因而能够对本部门进行有效管理；每个部门都是由直线人员统一指挥，避免了多头领导。主要缺点是：下级部门的主动性和积极性的发挥受到限制，事事要向直线管理部门和人员汇报、请示；部门之间互通情报少，不能集思广益地做出决策；部门之间的目标不统一，容易产生矛盾，协调工作量大。直线职能型组织通常适合于发展期的中型连锁经营企业，由于连锁门店的数量不断增加，总经理一人难以承担全部经营管理事务，需要组建职能部门来进行管理。具体如图 2—2 所示。

3. 事业部型组织

事业部型组织是指以销售收入和利润形成的内在联系为依据，将研发、采购、生产和销售部门结合，形成若干个相对独立的利润中心，实行分权管理的组织形式。其主要优点是：有利于调动部门积极性，便于事业部内部的协调，增强适应力和竞争力。主要缺点是：强调分权，削弱了组织的统一性；强调各部门的独立，各部

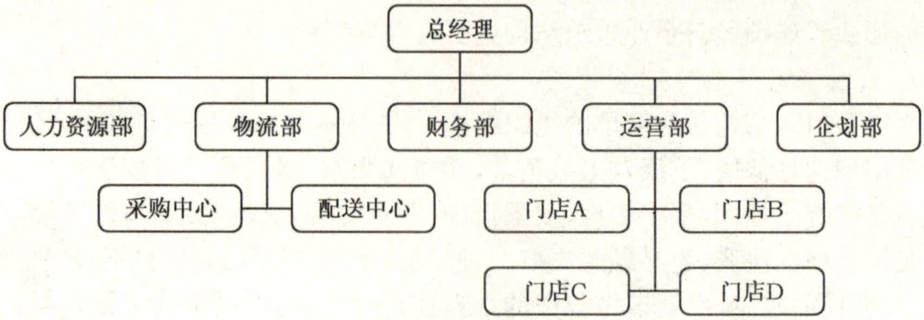

图 2—2　直线职能型组织

门之间缺乏协助；各事业部都存在自己的职能部门，有可能导致机构重叠。事业部型组织主要适用于成熟期的连锁经营企业，由于事业范围扩大、多元化经营和地域分散的原因，连锁总部已很难完成所有的事务，宜赋予一个事业部以完整的运作组织功能来分解完成。具体如图 2—3 所示。

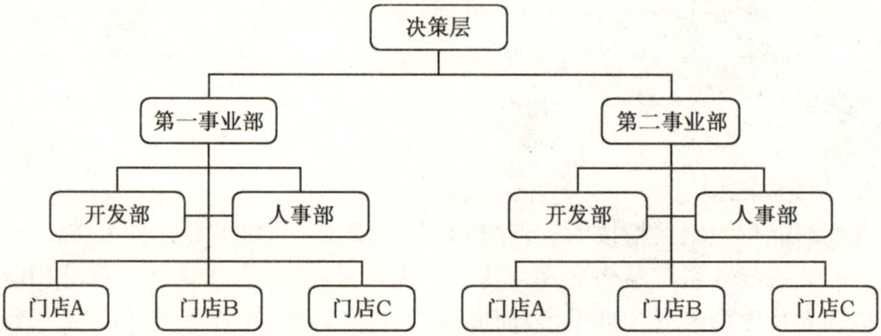

图 2—3　事业部型组织

体验活动

一、活动背景

根据自愿组合的原则，由 5 名学生组成一个学习活动小组，每个小组成员分工协作，上网查询我国服装、化妆品、餐饮、家电行业中连锁企业所采用的不同组织结构形式。

二、活动要求

根据连锁经营企业组织结构形式的有关知识，请按照下列栏目的要求填写。

企业名称 （行业类别）	直线型组织 （结构形式）	直线职能型组织 （结构形式）	事业部型组织 （结构形式）

活动评价

团队成员活动测评表

测评内容	评判标准	总分	自评分
行业类别	不填，扣 20 分；缺 1 个，扣 5 分	20	
企业名称	不填，扣 20 分；缺 1 个，扣 5 分	20	
直线型组织结构形式	不填，扣 20 分；缺 1 个，扣 3 分	20	
直线职能型组织结构形式	不填，扣 20 分；缺 1 个，扣 2 分	20	
事业部型组织结构形式	不填，扣 20 分；缺 1 个，扣 1.5 分	20	
合　计		100	

团队活动测评表

测评内容	评判标准	总分	团队自评分
团队合作完成质量	较好达到目标	20	
	基本达到目标	15	
	未完成目标	15	
团队协作精神情况	互助精神较好	20	
	互助精神一般	15	
	互助精神较差	15	
合　计		100	

学习情境二　连锁经营企业总部的组织结构与职能

连锁经营企业总部是企业的管理核心，确定企业的市场定位，制定企业发展的经营策略，对人流、物流、资金流、信息流进行全面的管理，对门店的运营进行指导与监督。因此连锁经营企业总部的组织结构是根据总部的基本职能，进行系统设计，并明确各部门的职责。

学习指南

一、连锁经营企业总部的组织结构

1. 连锁经营企业总部的基本职能

(1)基本政策制定

连锁经营企业总部要制定发展战略，确定连锁经营模式与组织架构，建立从业人员的录用、培训、考核、奖励和福利待遇等劳动人事制度。

(2)连锁门店开发

连锁经营企业总部要规定开店的流程及要求。开店流程主要包括寻找被选门店、问卷调查、投资评估、门店购租、门店规划、门店营业准备和开店后评估；开店要求主要包括门店选择的标准、门店规划标准、工程发包准则、评估标准等。

(3)商品采购管理

连锁经营企业总部要聘用具备相关工作能力的采购部经理和采购部工作人员，选择与培养主力商品，提高商品的适销率，加强采购计划的准确性。

(4)商品配送管理

连锁经营企业总部要解决配送中心与企业发展规模的协调性，控制配送成本，提高配送的增值功能，并制定好配送中心对门店服务的各项标准。

(5)资金运作管理

连锁经营企业总部要安排好各种资金的比例关系，重点保证进货资金和发展资金的使用，及时做好销售款回笼工作，并履行对供应商的商品货款结算。

(6)商品促销管理

连锁经营企业总部要选择适当的促销手段，设定促销目标，拟订促销计划，评估计划执行情况。

(7)门店营运督导

连锁经营企业总部要聘用一批优秀督导员，由其负责对各门店运营进行监督与指导。

(8)信息服务管理

连锁经营企业总部要根据市场的竞争格局，搜集与经营相关的资讯与行业发展趋势，为企业门店提供有力的信息支持。

(9)文化理念引导

连锁经营企业总部要建立企业文化，使员工树立起正确的企业价值观，对企业产生归属感，使得每位员工都能具有企业主人翁的精神。

2. 连锁经营企业总部的组织结构

由于企业经营目标、企业规模和运营机制不同，连锁经营企业总部组织结构的部门名称与数量会有所差异。示例如下：

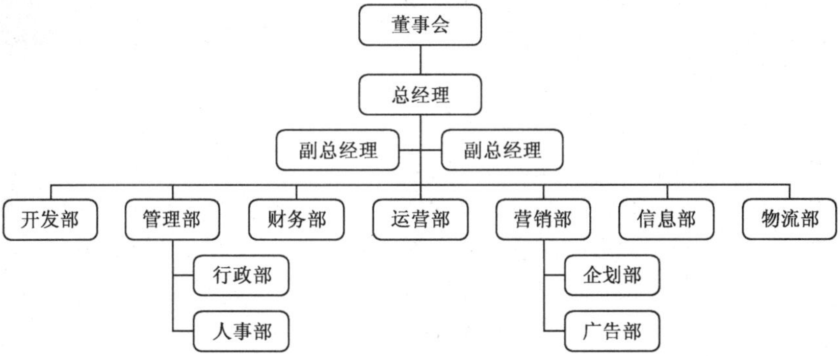

图 2—4　连锁经营企业总部的组织结构

案例链接

肯德基总部组织结构的设计

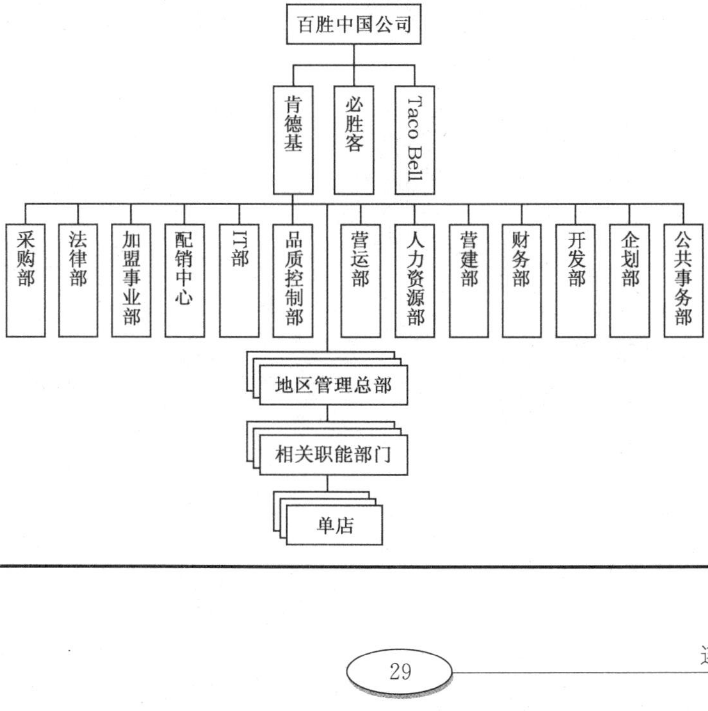

二、连锁经营企业总部的部门职能

连锁经营企业总部主要包括开发部、管理部、财务部、运营部、营销部、信息部和物流部，其主要职能如下：

1. 开发部的主要职能

主要包括：新开分店或加盟店的商圈调查；新开分店投资效益评估，加盟分店销售能力评估；新开分店自行建设、投资购买或租赁场地的投资预算；建设新店工程设计审核、工程招标、监督、验收；新开分店开店流程与进度控制；新开分店所需设备的采购及各分店设备的维修与保养。

2. 管理部的主要职能

主要包括：人力资源制度的制定与执行；员工福利制度的制定与执行；员工的招聘与培训；企业保安制度的制定与执行；企业合同的管理；企业办公用品的采购与管理等。

3. 财务部的主要职能

主要包括：企业融资、用资、资金调度，财务状况与投资风险的分析；负责财务报表、会计报表，审核进货凭证，处理进货财务，统计每日营业额，管理发票与支票，报纳税金等；统一管理对门店的财务工作。

4. 运营部的主要职能

主要包括：制定连锁门店总的营业目标和各门店的营业目标，推动营业目标实现；门店经营的指导；编写连锁门店营业手册，并检查与监督营业手册的执行情况；指导门店改善现场作业，并考察其工作情况。

5. 营销部的主要职能

主要包括：店铺形象设计、店铺广告计划的制订与执行；商品配置、陈列设计、促销计划的制订与执行；商品销售与利润分析和改进措施；竞争状况调查分析等。

6. 信息部的主要职能

主要包括：计算机网络系统的维修与养护；信息收集与处理；商品代码、企业代码、条码的打印处理；数据资料的加密、解密与保管等。

7. 物流部的主要职能

主要包括：采购方式的制定，商品采购的谈判，销售价格的制定，对供应商的管理；商品货源与新商品的开发，商品组合和定位，对滞销品进行淘汰；商品存储、加工、配送制度的制定与运作。

案例链接

肯德基连锁经营总部职能

部门	职能	类别
法律部	· 负责相关法律事务	服务部
财务部	· 负责公司相关财务工作	服务部
IT部	· 负责公司相关信息化软硬件的技术支持	服务部
品质控制部	· 负责公司产品的生产过程和质量的监控	服务部
企划部	· 负责公司促销活动的策划和运作	服务部
配销中心	· 负责公司物流系统的运作	服务部
人力资源部	· 负责公司相关人力资源工作	服务部
公共事务部	· 负责公司与外界的交流沟通工作	服务部
采购部	· 负责公司采购工作	服务部
开发部	· 负责相关市场开发工作	运作部
营建部	· 负责公司店面的设计、装修等建造工作	运作部
营运部	· 负责各门店的运营工作	运作部
加盟事业部	· 负责相关特许经营加盟工作	运作部

体验活动

一、活动背景

根据自愿组合的原则，由 5 名学生组成一个学习活动小组，每个小组成员分工协作，选择我国服装、化妆品、餐饮、家电行业中某一个大型连锁企业，上网查询该企业总部组织结构形式及其部门职能。

二、活动要求

根据连锁经营企业总部组织结构与职能的有关知识，请按照下列栏目的要求填写。

企业名称 （行业类别）	
总部组织结构 （名 称）	部门主要职能

活动评价

团队成员活动测评表

测评内容	评判标准	总分	自评分
企业名称/行业类别	不填，扣 10 分；不规范，扣 5 分	10	
主要部门的名称	不填，扣 30 分；缺 1 个，扣 2 分	30	
主要部门的职能	不填，扣 60 分；1 个部门职能不全，扣 3 分	60	
合 计		100	

团队活动测评表

测评内容	评判标准	总分	团队自评分
团队合作完成质量	较好达到目标	20	
	基本达到目标	15	
	未完成目标	15	
团队协作精神情况	互助精神较好	20	
	互助精神一般	15	
	互助精神较差	15	
合　计		100	

学习情境三　连锁经营企业门店的组织结构与职能

门店是连锁经营企业的基层组织，按照总部的要求进行运营管理，是直接面向顾客提供商品服务的一个部门。因此连锁经营企业门店的组织结构是根据门店的基本职能，进行系统的工作岗位设计，并界定各工作岗位的职责，协同发挥门店的运营效率。

学习指南

一、连锁经营企业门店的组织结构

1. 连锁经营企业门店的基本职能

(1)店面环境管理

主要包括门店的外观管理以及气氛营造、卫生管理、经营设施管理等店内的环境管理。

(2)人员管理

主要包括员工管理、顾客管理以及供应商管理。

(3)商品管理

主要包括商品质量、商品缺货、商品陈列、商品盘点、商品损耗以及商品销售活动的实施等方面的管理。

(4)现金管理

包括收银管理和进货票据管理等。

(5)信息管理

主要包括门店经营信息管理、顾客投诉与建议管理、竞争者信息管理等。

2. 连锁经营企业门店的组织结构

连锁经营企业门店的组织结构的设计主要考虑到门店的性质、业态特征、规模大小及商品结构等因素，规模较大的门店通常由店长直接管理，同时下设副店长、店长助理或值班长、组长等职务；规模较小的门店由店长直接管理，不设副店长、店长助理或值班长和组长等职务。

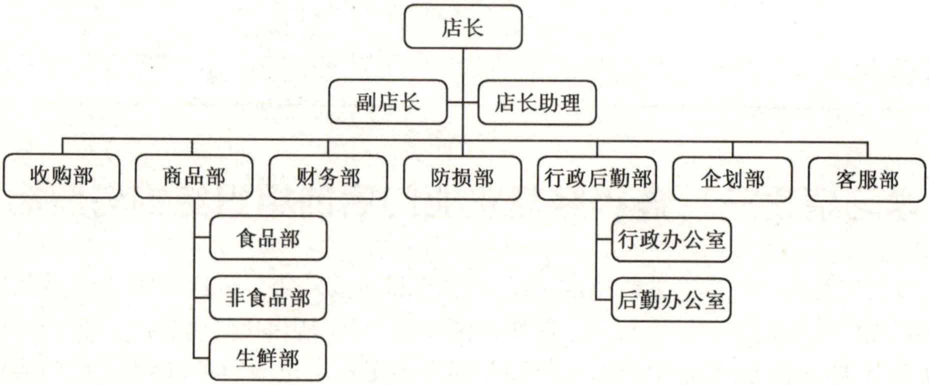

图 2—5　规模较大门店的组织结构

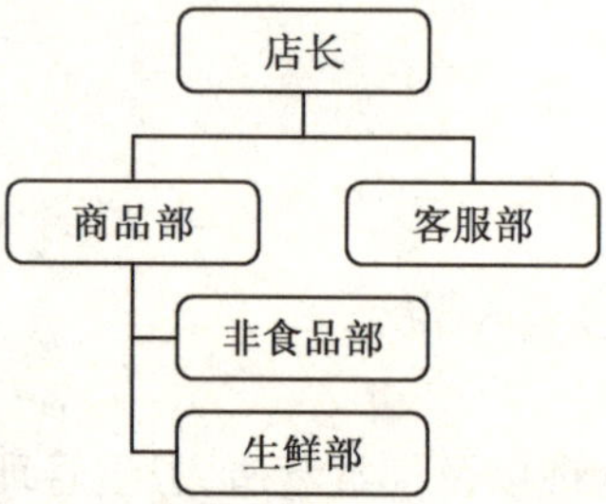

图 2—6　规模较小门店的组织结构

二、连锁经营企业门店岗位职能

1. 店长岗位的主要职能

店长的主要职能是对门店经营进行分析，对各项工作做出正确决策，合理运用相关资源，对店员进行有效管理，协调处理门店经营中出现的各种问题，并创造出预期利润；对店员进行培训，提升员工整体素质，激励店员不断为店铺创造效益。

2. 副店长或店长助理岗位的主要职能

在门店规模较大的情况下配备副店长或店长助理。副店长是店长的助手，其主要职能是协助店长执行工作计划中规定的各项具体工作，并检查实际作业的效果；店长不在门店期间，由副店长代行店长的职责，负责商店的全面管理工作。

3. 店员岗位的主要职能

店员是门店销售与顾客消费过程的“桥梁”，是创造销售绩效的最关键人物。其主要岗位职责如下：

(1)营业前的岗位职责

主要包括四个方面：对店前场地与店内场所、设备等进行清扫；货架整理、清洁，补充货架上的商品；保持收银显示器、POS机、柜台的整洁，准备好预备金；整理广告，做好促销准备工作。

(2)营业中的岗位职责

主要包括三个方面：使用规范的服务用语，给顾客提供商品信息，提供优质服务；保持店内整洁，让顾客有宾至如归的感受；整理货架，及时补货。

(3)交接班的岗位职责

主要包括两个方面：应清点所经营的商品，做到货款、票款两相符；把当班时的进货等情况记入交接单。

(4)营业后的岗位职责

主要包括五个方面：全面清点当日所剩的商品数量；计算销货款，填写缴款单，上交财务部门；填写工作报表；增补已售完或数量较少的商品；做好安全工作。

相关知识

门店“四大员”的工作职责

1. 收银员职责

做好收银机及柜台的保洁；了解商品分类编码及价格情况；掌握每个阶段的促销活动内容；认真完成收银与商品装袋工作；按规定上缴现金；热情耐心地解决顾客的问题。

2. 理货员职责

负责对所送商品的清点与验收、商品补货、商品清洁和盘点工作；确认商品的损耗数量、缺货信息，向主管报告；按规定处理商品的退、换事务。

3. 导购员职责

热情耐心地回答顾客的问题，并协助商品的选购；为顾客提供换货、装袋等必要的服务；协助理货员进行商品陈列、商品盘点、价格标签的粘贴与更换工作；协助店长处理顾客的投诉工作。

4. 防损员(保安员)职责

负责每日开店及清洁工作；保持商品与设备的完好，防止盗窃；协助店长对盗窃行为进行处理；保证店内人员和商品的安全。

体验活动

一、活动背景

根据自愿组合的原则，由 5 名学生组成一个学习活动小组，每个小组成员分工协作，选择我国服装、化妆品、餐饮、家电行业中某连锁企业的一家门店，实地调研该门店组织结构形式及其职能。

二、活动要求

根据连锁经营企业门店组织结构与职能的有关知识，请按照下列栏目的要求填写。

企业名称 （门店名称）	
门店岗位	主要岗位职责
店长	
副店长	
理货员	
导购员	
收银员	
防损员	

活动评价

团队成员活动测评表

测评内容	评判标准	总分	自评分
企业名称/门店名称	不填，扣 10 分；缺 1 个，扣 5 分	10	
店长岗位职责	不填，扣 15 分，缺 1 个，扣 3 分	15	
副店长岗位职责	不填，扣 15 分；缺 1 个，扣 3 分	15	
理货员岗位职责	不填，扣 15 分；缺 1 个，扣 3 分	15	
导购员岗位职责	不填，扣 15 分；缺 1 个，扣 3 分	15	

续表

测评内容	评判标准	总分	自评分
收银员岗位职责	不填，扣 15 分；缺 1 个，扣 3 分	15	
防损员岗位职责	不填，扣 15 分；缺 1 个，扣 3 分	15	
合　计		100	

团队活动测评表

测评内容	评判标准	总分	团队自评分
团队合作完成质量	较好达到目标	20	
	基本达到目标	15	
	未完成目标	15	
团队协作精神情况	互助精神较好	20	
	互助精神一般	15	
	互助精神较差	15	
合　计		100	

知识与技能测试

一、单项选择题

1. 直线型组织结构的缺点是(　　)。

A. 权限清晰，职责分明　　B. 统一指挥，集中管理

C. 机构简洁，高效简便　　D. 缺乏横向协调，容易顾此失彼

2. 关于连锁经营企业组织结构的设计要求，以下表述错误的是(　　)。

A. 目标任务到位　B. 工作任务落实　C. 组织脉络互通　D. 资金全部到位

3. 直线型组织结构有许多优点，以下表述错误的是(　　)。

A. 统一指挥　B. 横向联系密切　C. 职责分明　D. 高效简便

4. 直线职能型组织形式通常适用于(　　)的企业。

A. 创业期　B. 成熟期　C. 发展期　D. A 与 B

5.(　　)不是连锁企业物流部的主要职能。

A. 分店的设备采购及维修与保养　　B. 商品的开发、淘汰及组合定位

C. 商品采购与销售价格制定　　D. 商品存储、加工、配送制度制定及运作

6. 制定连锁经营企业发展战略的是(　　)。

A. 店长　B. 副店长　C. 助理店长　D. 总部

7. 物流部的主要职能有很多，以下表述错误的是（　　）。

A. 商品采购　　B. 制定营销策略

C. 商品存储　　D. 商品配送

8. 连锁经营企业门店的基本职能有很多，以下表述错误的是（　　）。

A. 店面环境管理　　B. 人员管理　　C. 商品配送管理　　D. 商品管理

二、多项选择题

1. 连锁经营企业组织结构设计的基本原则是（　　）。

A. 统一原则　　B. 效率原则　　C. 责任原则　　D. 志同原则

2. 连锁经营企业组织结构的形式主要有（　　）。

A. 直线型　　B. 直线职能型　　C. 专业型　　D. 事业部型

3. 连锁经营企业事业部型组织形式的缺点是（　　）。

A. 统一性较弱　　B. 部门协调性较弱

C. 工作积极性不够　　D. 部门机构精简性不够

4. 直线型组织结构适用于（　　）的连锁企业。

A. 创业初期　　B. 门店数目不多　　C. 经营区域集中　　D. 经营商品较少

5. 连锁经营企业信息部的职能是（　　）。

A. 信息收集与处理　　B. 计算机网络系统的维修

C. 商品代码的打印处理　　D. 企业代码的打印处理

6. 连锁经营企业运营部的职能是（　　）。

A. 编写连锁门店营业手册　　B. 指导门店现场作业

C. 监督营业手册的执行情况　　D. 商品采购谈判

7. 连锁经营企业财务部的主要职能是（　　）。

A. 报纳税金　　B. 资金调度　　C. 财务状况分析　　D. 管理财务票据

8. 连锁企业开发部的主要职能是（　　）。

A. 新开分店投资效益评估　　B. 新开分店或加盟店的商圈调查

C. 新店工程设计审核、工程招标、监督　　D. 企业广告、竞争状况调查与分析

三、判断题

1. 组织结构是指组织内部分工协作的基本形式或框架，表明组织各部分排列顺序、空间位置、各要素之间的相互关系。（　　）

2. 直线型组织结构的职权是从高层垂直向下，经过若干个管理层到达最低层，下级对上级负责，横向联系紧密。（　　）

3. 连锁经营企业组织系统是一个相互依存、互为作用的有机架构。（　　）

4. 连锁经营企业总部组织结构因企业不同的经营目标、企业规模和运营机制等条件，具体的部门数量、部门的名称都有所差异。（　　）

5. 连锁经营企业门店的组织结构的设计主要考虑到门店的性质、业态特征、规模大小及商

品结构等因素。 (　　)

6. 连锁门店不论规模大小，均应配备副店长、店长助理及班组长来协助店长完成门店的日常管理工作。 (　　)

7. 连锁经营企业组织结构必须与企业的市场定位、发展目标、经营策略相适应。 (　　)

8. 连锁经营企业组织结构的三种形式是适应企业不同发展时期的，是绝对的。 (　　)

四、简答题

1. 简述连锁经营企业组织结构设计的基本原则。

2. 简述连锁经营企业总部的基本职能。

3. 简述连锁经营企业门店的基本职能。

项目三　习得一技
——连锁经营企业门店开发与设计

学习目标

- 了解商圈的构成及基本内容
- 熟悉连锁经营企业门店选址的程序及要求
- 明确连锁经营企业门店外观设计的主要作用
- 掌握连锁经营门店卖场布局的基本类型及内容

项目背景

门店的开发与设计是门店经营成功的关键因素之一，开发一家新的门店，首先要明确选址标准，进行商圈调查，预测门店未来的销售额。当门店地址确定后，要对门店的外观与内部进行统一装修，体现其经营风格与特色。

在生活中，周学海同学每天看到各种各样的连锁经营企业门店，作为一位连锁经营管理专业的学生，他在思考这些门店为什么要选择此地，门店设计又有何意，带着这些问题，他进入了本项目的学习。

学习情境一　连锁经营企业门店选址

一家新的连锁经营企业门店选址，首先要进行商圈调查，了解消费群体、竞争伙伴和可能影响销售的其他因素，并预测门店未来的销售额。门店选址非常重要，俗话说“种好梧桐树，引得凤凰来”。

学习指南

一、连锁经营企业门店商圈设定

1. 商圈的构成

商圈是指以门店坐落点为核心，向四周辐射至来店购买的消费者所居住的地理范围。门店经营的活动范围通常都有一定的地理界限，也即有相对稳定的商圈。根据顾客在门店消费的情况，将商圈分为以下三个层级（见图 3—1）。

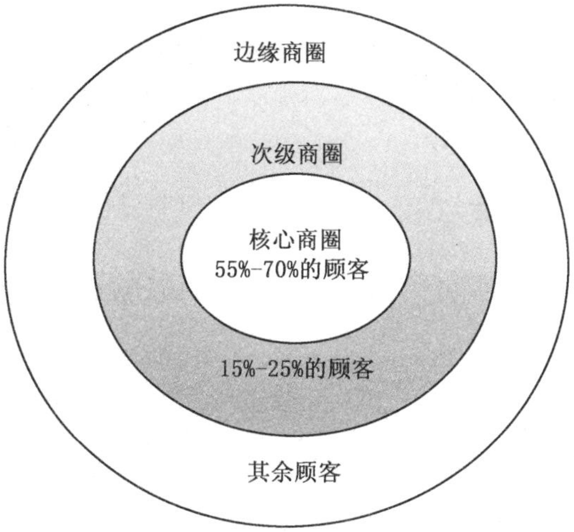

图 3—1　门店商圈层级

（1）核心商圈

核心商圈是指占本门店顾客总人数的 55％—70％的、离门店最近的消费者密集区域。

（2）次级商圈

次级商圈是指占本店顾客总人数的 15％—25％的、位于核心商圈外周的消费者集中区域。

(3)边缘商圈

边缘商圈是指在核心商圈与次级商圈以外的消费者分散区域。

2. 商圈的要素

(1)主要因素

主要因素包括消费人群、经营者、管理模式、发展规划、政府政策和商圈形象等内容。其中,消费人群、经营者、管理模式构成商圈的内部因素,是市场机制能否运行的基本条件;发展规划、政府政策和商圈形象构成商圈的外部因素,决定着商圈发展规划是否符合区域经济的发展要求,是否能得到政府政策的支持。

(2)非主要因素

非主要因素包括商圈的形象、功能以及建筑成本等内容。商圈形象主要是指环境、包装和建筑形态等;商圈功能主要是指主题和概念等特色,是否能吸引更多的消费者群体,包括投资者、经商者和其他人群。

3. 商圈的形态

依据区域的消费功能,通常将商圈分为下列六种形态:

(1)商业区

商业区是指商业、娱乐业、餐饮业等各类服务行业聚集的繁华地区。其具有商圈大、流动人口多、高消费和快速消费等特征。

(2)住宅区

住宅区是指住户数量至少达到 1 000 户以上的地区。其具有消费群稳定、集聚日用品消费等特点。

(3)文教区

文教区是指门店周围有一所以上学校的地区。其具有学生消费居多、食品与饮品类购买居高等特点。

(4)办公区

办公区是指聚集办公大楼的地区,聚焦娱乐业、餐饮业。其具有白领青年消费居多、消费水平较高等特点。

(5)工业区

工业区是指生产企业集中的各种工业园区,消费群体为打工一族,具有消费总量较大、消费水平较低等特点。

(6)混合区

混合区是指多元化消费群体集聚地,有的既是住宅区,又是文教区,有的既是商业区,又是办公区,等等。混合区将各单一商圈形态的消费特点集聚于一身,以呈现多元化的消费习性。

4. 商圈的设定

在实际运作过程中，主要可以通过以下方法设定商圈。

(1)参照法

参照法是指依据某一类似的市场或地区已有的门店商圈规模大小进行确定，并根据本地区门店的经营规模、经营特色、居民人口分布、城市建设、交通设施状况、商业布局等方面的差异，进行合理的修正，以取得较为准确的商圈零售饱和指数。

(2)调查法

调查法通常可采用的形式：一是问卷调查法，是指通过问卷调查的形式，了解在所定商圈范围内最远的而且愿意到预定地址购物的消费者信息，以确定商圈。问卷调查的内容应包括住址、来店频率(次／周或次／月)等信息。根据收回的调查表进行统计，将所收集的最远的消费者的住址标注在图上，连接成一个封闭曲线，该曲线以内的范围就是商圈所在。二是征询法，直接征询前来门店消费的顾客的居住地点、来店频率、交通工具等信息，或在拟开发门店地的周围，在街上直接询问调查。

(3)经验法

根据以往经营过程中获得的各种经验、经历等来设定商圈。例如，购买频度较高的日常生活用品的商圈为10分钟左右的时间距离，而购买频度较低的商品为30分钟左右的时间距离，说明购物频率越高，商圈越小，反之越大；通常便利店商圈的半径约500米，超市商圈的半径约4 000米，说明门店规模越大，商圈越大，反之越小；购物出行方式现代化程度越高，商圈越大，反之越小等。

在实际运用时，不管哪一种方法都应综合考虑其他因素的影响，如人口数量、年龄、职业、家庭数量、消费水平、竞争门店数量、城市规划、交通状况等。

5. 商圈的分析

商圈分析是经营者对商圈的构成情况、特点、范围以及影响商圈规模变化的因素进行实地调查和分析，为选择店址、制定和调整经营方针和策略提供依据。商圈分析对连锁经营企业的生存和发展至关重要，具体作用如下：

(1)新设门店选址的基础工作

新设门店将以追求最大的经济效益为经营目标，必定要吸引众多的目标顾客。因此，新设门店在选址时，经营者就需要明确商圈范围，了解商圈内人口的分布状况，掌握市场与非市场等因素，并进行经营效益评估，将商圈、店址、经营目标综合考量，创造经营的有利条件。

(2)新设门店制定经营策略的基本依据

新设门店为实现经营目标，必然要广泛采取非价格竞争手段，改善形象，完善服务，取得竞争优势。因此，经营者就需要通过商圈分析，掌握消费群体的特征，了解顾客需求，采取有针对性的经营策略，赢得顾客信任。

(3)加快门店资金周转的重要途径

门店规模应与商圈规模相适应。如商圈规模收缩，门店规模仍旧不变，产品或服务就会滞销，从而导致流动资金的积压，影响资金周转。因此，经营者要通过对商圈的分析，及时了解商圈规模的变化，适时调整门店规模与经营策略，追求最大的经济效益。

二、连锁经营企业门店地址的确定

经过商圈的分析与市场调查之后，即可做出在某个区域是否能开店的决定。如果认为该区域适合开店，接下来需要在该区域进一步确定门店位置。

1. 门店地址确定的程序

(1)门店地址调研

通过调研了解本地区同类性质门店的经营规模、经营特色、居民人口分布、消费水平、交通设施状况、商业布局等方面的差异以及竞争门店数量等，然后形成调研报告。

(2)分析认证

连锁经营企业组织专家分析与认证，包括对调研报告的分析、实地认证和主管部门的咨询等。然后，对选址计划进行修订，形成一份设置门店工作计划，提交决策层领导审核。

(3)决策实施

决策层领导针对设置门店工作计划的具体内容，结合企业的经营目标和战略，从思维逻辑、方法程序、操作内容进行审核，并从宏观层面进行定夺。

2. 门店地址选择的注意事项

确定门店地址时应综合考虑以下两方面的因素：

(1)社会方面的因素

主要包括城市设施、交通条件、经济发展、政策法律、人口结构、生活水平等社会因素，其将会对商业环境产生巨大影响，应及时捕捉有效信息，通过特征与定性化分析，把握未来的发展趋势。

(2)经营方面的因素

确定社会宏观条件对城市商业运作的影响后，就要分析门店所处位置的经营环境。这些经营环境的因素主要包括消费群体特征、客流情况、竞争店数、道路现状、场地面积、租金水平、停车条件和员工招聘等。

案例链接　　　　肯德基首家门店选址秘诀

1987年肯德基瞄准了广州、上海、天津、北京等城市，从各个方面进行了比较后，将中国首家门店的地址确定在北京前门。其认为：北京是中国经济文化中心、旅游胜地，生活水平较高，选择北京意味着中国政府的赞同态度，也有助于今后在其他城市的发展。肯德基首家门店地址的正确选择，为今后在中国的成功发展奠定了基础。

肯德基选址的通常步骤是：(1)划分商圈。肯德基计划进入一个城市前，收集相关资料，划分商圈，采用计分法，每一个商场、地铁、公交线路都有相应的分值，并换算成比较准确的经验值。(2)选择商圈。基于肯德基的市场定位，选择稳定度、成熟度较高的地区入驻。(3)确定商圈聚客点。通过派人掐表测量，根据数据选择最高的聚客点。

肯德基选址标准是：(1)针对年轻人、儿童及家庭成员目标消费群；(2)着眼于未来，布点原则20年不变；(3)体现方便、安全、物有所值的理念，通常选择一楼，通过落地玻璃橱窗展现经营服务的形象。

体验活动

一、活动背景

根据自愿组合的原则，由5名学生组成一个学习活动小组，每个小组成员分工协作，选择我国服装、化妆品、餐饮、家电行业中2家不同区域的连锁门店，实地调研该门店的商圈。

二、活动要求

根据连锁经营企业门店选址的有关知识，请按照实地调研的商圈信息进行填写。

企业名称 （门店名称）	
商圈形态	相关信息或数据
商业区	

续表

住宅区	
办公区	
工业区	

活动评价

团队成员活动测评表

测评内容	评判标准	总分	自评分
企业名称/门店名称	不填,扣 20 分;缺 1 个,扣 5 分	20	
商业区信息或数据	不填,扣 20 分;不全,扣 6 分	20	
住宅区信息或数据	不填,扣 20 分;不全,扣 6 分	20	
办公区信息或数据	不填,扣 20 分;不全,扣 6 分	20	
工业区信息或数据	不填,扣 20 分;不全,扣 6 分	20	
合　计		100	

团队活动测评表

测评内容	评判标准	总分	团队自评分
团队合作完成质量	较好达到目标	20	
	基本达到目标	15	
	未完成目标	15	
团队协作精神情况	互助精神较好	20	
	互助精神一般	15	
	互助精神较差	15	
合　计		100	

学习情境二　连锁经营企业门店设计

一家新的连锁经营企业门店的地址确定后,首先对门店的外观与内部进行设计,突出经营风格与特色,以吸引更多的客户光顾、消费,提高门店营业额。

学习指南

一、连锁企业门店外观设计

1. 店名的设计

门店名称是用来标明经营性质、招揽生意的牌号或标志。店名不仅仅是一个代号,还是连锁经营企业门店外观形象的重要组成部分,好的店名能快速地把连锁经营企业门店的经营理念传播给消费者,吸引更多的消费者。门店命名的主要方法如下:

(1)以创办人姓名命名

该命名方法能反映经营者的历史,使消费者产生浓厚兴趣,如肯德基等。

(2)以经营地点命名

该命名方法能反映商品经营所在的位置,易突出地方特色,使消费者易于识别,如北京烤鸭连锁店。

(3)以属性命名

该命名方法能反映门店经营商品的范围及优良品质,树立门店声誉,使顾客易于识别,并产生一睹为快的心理,达到招揽生意的目的,如台湾天申茗茶。

案例链接 **便利店标记**

该标记是用大写英文,但最后一个字母 n 却是小写。对此种设计的解释有三种版本:(1)民间说,大写 N 的最后一划往外,表示会将钱财散出去,而小写 n 的结尾往内,表示会吸引钱财进来;(2)官方说,当初设计者只因美观才这样设计;(3)媒体说,日本电视娱乐节目《杂学王》通过采访推论,当时商标法中不允许数词作为商标来注册,故用小写字母 n。

(4)以动植物命名

该命名方法能让人对动植物产生联想,显得生动形象,如日本的云雀餐饮连锁店等。

(5)以数字命名

该命名方法能让消费者了解企业的经营特色,更便于记忆与识别,如 7-ELEVEn 便利店、85 度 C 连锁店等。

(6)用外语译音命名

该命名方法能吸引外商在国内的合资店或代理店采购商品，如家乐福超市、沃尔玛超市(见图 3—2)等。

(7)以服务精神命名

该命名方法能反映商店文明经商的精神风貌，使消费者产生信任感，如台湾的江医师追求零污染铺子(见图 3—3)等。

WAL★MART
沃 尔 玛

图 3—2 以外语译音命名

图 3—3 以服务精神命名

2. 店标的设计

店标是指商品店面标志系统中可以被识别，但不能用语言表达的部分，是店面标志的图形记号，包括符号、图案或明显的色彩或字体。店标可根据不同标准分为下列两大类：

(1)表音标志、表形标志和图画标志

表音标志是表示语音音素及拼合的语言的视觉化符号，通常以大小写字母、汉字、阿拉伯数字、标点等形式表现，如星巴克、家乐福(见图 3—4)等。

Carrefour
家乐福

图 3—4 表音标志

表形标志是指通过几何图案或形象图案来表示标志，靠形不靠音，以简洁的线条或图形来表示一定的含义，或利用丰富的图形结构来表示一定的寓意。

图画标志是指直接以图画的形式来表达零售店经营特征的标志，如苹果电脑(见图 3—5)等。

图 3—5　图画标志

(2)名称性标志、解释性标志和寓意性商店标志

名称性标志是指商店的店标直接用企业名称通过独特的字体予以表现，如名称首字艺术化地放大，如 85 度 C(见图 3—6)等。

图 3—6　名称性标志

解释性标志是指用店名内容所包含的图案作为商店的标志。

寓意性商店标志是指以图案的形式将店名的含义间接地表达出来的标志，通常由文字与图形构成，如 7-ELEVEn 便利标志(见图 3—7)等。

图 3—7　寓意性标志

3. 招牌设计

招牌是以实物为载体，力求通过精心设计来展示店名、店标的一种门店外观显示物。门店招牌主要有以下五大类型：

(1)屋顶招牌

位于楼宇中的门店，为了吸引顾客，使顾客从远处便能看见门店，就在屋顶竖起一个广告塔，它不仅可以用来宣传自己的门店，同时也可与厂商合作，用来做商品广告。

(2)标志杆招牌

标志杆招牌是用水泥杆或长钢管将招牌矗立在门店门前(见图 3—8)。这种招牌常常用于公路或铁路两旁的门店,以远远地吸引顾客的注意力。

(3)正面招牌

正面招牌通常安置在门店所在建筑物的正面,用于表示门店名、商品名、商标等,有的用投光照明、暗藏灯照明或霓虹灯衬托等(见图 3—9)。

图 3—8　标志杆招牌

图 3—9　正面招牌

(4)路边标志牌

路边标志牌是在门前的人行道上摆放的标志牌,对行人的号召力很大,既可以是文字招牌,也可以是形象设计(见图 3—10)。

图 3—10　路边标志牌

(5)壁上招牌

壁上招牌是指位于拐角的门店,其临街的一侧墙壁用来安置商品广告,或写上门店名或服务项目等的招牌。

4. 门店的设计

(1)门店设计类型

连锁企业门店设计有三种基本类型:一是封闭型,这种门店朝向大街的一面用橱窗或者有色玻璃遮蔽,入口尽可能小,通常适用于经营高档商品的门店,给人一种优雅而神秘的感觉,显示出所经营贵重商品的特点;二是半封闭型,这种门店入口大小适中,顾客可通过玻璃一眼看到店内的情景,然后被引入店内;三是开放型,这种门店面对大街开放,没有橱窗,顾客出入方便。

(2)门店出入口设计

规模较大的连锁门店应将出口处与入口处分开。门店入口一般设在顾客流量大、交通方便的一边,并在入口处陈列对顾客具有较强吸引力的商品,招揽生意;门店出口通常临近收银台,附近可陈列一些单位价格不高的商品,引导顾客浏览,增加其购物机会。

5. 橱窗设计

橱窗是门店临街用于展览样品的玻璃窗,是门店的第一展厅,消费者入店时都会浏览橱窗,起到了很好的宣传作用。橱窗的设计,既可起到介绍商品、指导消费、促进销售的作用,又能成为吸引过往行人的艺术佳作。其布置方式主要有以下几种:

(1)综合式橱窗布置

综合式橱窗布置是将许多不相关的商品综合陈列在一个橱窗内,以组成一个完整的橱窗广告(见图 3－11)。陈列方法主要有横向橱窗布置、纵向橱窗布置和单元橱窗布置。

图 3－11　综合式橱窗

(2)系统式橱窗布置

如果门店橱窗面积较大,可按照商品的类别、性能、材料和用途等进行分组陈列(见图 3－12)。

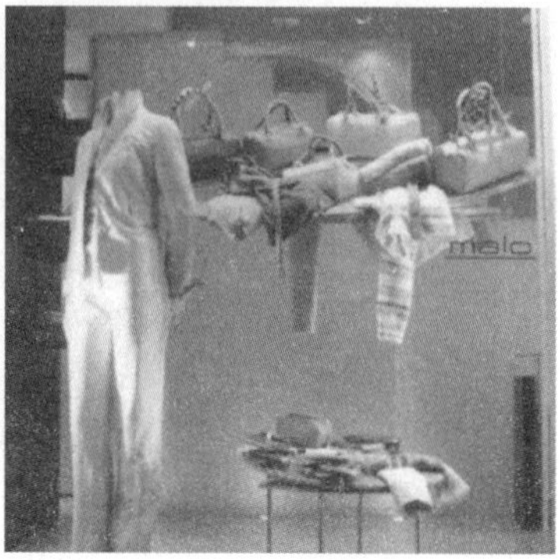

图 3—12　系统式橱窗

(3)专题式橱窗布置

专题式橱窗布置是以一个广告专题为中心，围绕某一个特定的事情，组织不同类型的商品进行陈列，向媒体大众传达一个诉求主题。

(4)特写式橱窗布置

特写式橱窗布置是指用不同的艺术形式和处理方法，在一个橱窗内集中介绍某一产品，其适用于新产品、特写商品的广告宣传(见图 3—13)。

图 3—13　特写式橱窗

(5)季节性橱窗布置

季节性橱窗布置是根据季节变化，在季节到来之前一个月把应季商品集中进行陈列，能满足顾客应季购买的心理特点，起到扩大销售的作用(见图 3—14)。

图 3—14　季节性橱窗

二、连锁企业门店内部设计

1. 卖场布局的基本类型

连锁卖场整体布局根据顾客的流动路线，可分成格子式布局、岛屿式布局和自由流动式布局。

(1)格子式布局

格子式布局是商品陈列货架与顾客通道都呈长方形分段安排，而且主通道与副通道分别保持一致，所有货架相互并行或呈直角排列(见图3－15)。其优点是：通道是依据客流量需要而设计的，可充分利用卖场空间；由于商品货架的规范化安置，顾客可轻易识别商品类别及分布特点，便于选购；易于采用标准化货架，可节省成本。缺点是：商场布局单调，室内装饰简易，商业文化气氛不够。

图3－15 格子式布局

(2)岛屿式布局

岛屿式布局是在营业场所中间布置成各不相连的岛屿形式，在岛屿中间设置货架，陈列体积较小的商品，作为格子式布局的补充(见图3－16)。其优点是：可充分利用营业面积，利用建筑物特点摆放更多的商品货架；采取不同形状的岛屿设计，可以装饰和美化营业场所；环境富于变化，使消费者增加购物的兴趣；满足消费者对某一品牌的全方位需求，对品牌供应商具有较强的吸引力。缺点是：由于营业场所与辅助场所隔离，不便于营业时间内临时补充商品；存货面积有限，不能储存较多的备售商品；现场用人较多，不便于柜组营业员的相互协作；岛屿两端不能得到很好利用，也会影响营业面积的有效使用。

(3)自由流动式布局

自由流动式布局是以方便顾客为出发点，以最大限度地将商品展现在顾客面前，呈不规则的布局形式(见图3－17)。其优点是：货位布局十分灵活，顾客可以随意穿行于各个货架或柜台；卖场气氛较为融洽，可使顾客产生冲动型购买行为；便于顾客自由浏览，不会产生急迫感，增加顾客的滞留时间和购物机会。缺点是：顾客难以寻找出口，难免产生烦躁情绪；顾客拥挤在某一柜台，不利于分散客流；不能充分利用空间，浪费场地面积；这种布局方便了顾客，但对商店的管理要求却很高，尤其要注意商品安全的问题。

图3－16 岛屿式布局

图 3—17　自由流动式布局

2. 卖场布局的设计

卖场布局的设计通常包括以下三大内容：

(1)卖场场地设计

门店场地面积可分为三部分：一是营业面积，是指陈列、销售商品的面积和顾客占用面积；二是仓库面积，包括店内仓库、店内散仓面积和店内销售准备场所的面积；三是附属面积，包括办公室、休息室、更衣室、楼梯、电梯等设施的面积。营业面积、仓库面积和附属面积三者比例视门店的经营规模、顾客流量、经营商品品种和经营范围等因素而定。通常，营业面积占总面积的 60%－70%，仓库面积和附属面积各占 15%－20%。

(2)卖场通道设计

卖场的通道是指顾客在卖场内购物行走的路线，分主要通道、辅助通道、收银区通道、服务台通道及特贩区通道等。其设计的原则：一是宽，既要保证顾客购物、付款的便利，还要适应顾客的流量，保证通畅性；二是直，尽可能依货架排列方式设计成单向的笔直通道，尽量少拐角，避免购物线路的重复性；三是平，保持通道地面的平坦性；四是亮，通道上的照明度要满足一定的要求；五是畅，通道没有障碍物。

(3)磁石卖场区设置

磁石卖场区是指在规划卖场时，评估出的比较能吸引消费者的畅销区域。通常分成五个磁石卖场：第一磁石卖场销售热销商品，位于卖场主通道两侧，是消费者必经之地；第二磁石卖场展示流行商品、季节感商品等，位于通道的末端，诱导消费者光顾；第三磁石卖场展示端架商品，面对出口或主通道货架配置特价品、促销商品、热销商品等，吸引消费者；第四磁石卖场展示单项商品，位于副通道的两侧，以广告宣传商品等单品陈列的方法，吸引消费者的眼球；第五磁石卖场位于结算区前面的中间卖场，可根据各种节日组织大型展销、特卖，是非固定性卖场，以堆头为主。

3. 店内色彩的设计

(1)色彩的作用

色彩是一把打开消费者心灵的钥匙。好的色彩不仅可以向消费者传达商品的信息,而且能吸引消费者的目光。色彩一般分为无彩色和有彩色两大类。无彩色是指白、灰、黑等不带颜色的色彩,有彩色是指红、黄、蓝等带有颜色的色彩。黑白色为色彩的极色,介于黑白之间的灰色系统称为无彩色。黑色几乎吸收一切光亮,给人以沉重、庄严、肃穆及含蓄感。白色基本不吸光,使人联想到纯洁、神圣与飘逸。灰色是一种极稳定的色彩。

(2)色彩营销

色彩营销是指企业根据市场的特点,充分利用色彩表现手法体现其产品的外部特征来进行营销组合,以满足顾客特殊需求的一种营销活动。

色彩营销的作用主要表现为四个方面:一是用企业标准色传递经营理念或产品特质,门店标准色通常选择 3 种左右的色彩,可以用于门店的标志、POP 广告、建筑装饰、商品陈列、包装袋和其他事务用品的设计;二是利用不同色彩衬托商品区域,不同色彩给人以不同的心理反应,可以营造良好的购物环境;三是利用不同色彩布置商品陈列区,通过陈列商品与背景色的协调,烘托商品;四是利用不同的色彩辅助门店促销,可以渲染节日的气氛。

4. 门店照明的设计

(1)自然照明

自然照明是指自然光源。消费者接触最多的光源就是自然光源,其大部分生活与工作时间都是在自然光源下进行的,对自然光源的感觉是最为亲切、舒适的。门店照明应尽量利用自然光源,这样既可降低经营成本,又能使商品在自然光下保持原色,避免灯光对商品颜色的曲解,也能避免消费者进入门店后由于光线的落差而感到不舒服。

(2)灯光照明

灯光照明可分为三种:一是基本照明,是为确保整个门店获得一定的能见度,方便顾客选购商品和工作人员办公而进行的照明,起着保持整个环境基本亮度的作用;二是商品照明,是为了突出商品优异的品质,增强商品的立体感和质感,让顾客能够清楚地看到商品的特征、性能;三是装饰照明,是门店为求得装饰效果或强调重点销售区域而设置的照明,主要起美化环境、宣传商品、营造购物气氛的作用。

(3)照明度

门店内的照明度必须要有变化,亮与暗交替,要有层次感。如果到处都一样明亮,会给人以单调的感觉。另外,对消费者挑选性强的商品,照明度要强一些;对消费者挑选不细的商品，照明度可以弱一些。门店的照明应与消费者的视觉心理感受相适应，这样才能增强感官刺激强度，渲染门店气氛，激发消费者的购物情绪，同时也会给消费者带来舒适、愉悦的心理感受。

5. 声音的设计

声音是指由物体振动而发出的声波通过听觉所产生的印象。声音具有四个方面的特性：一是音量，振幅越大，音量越高，反之音量越低；二是音调，频率越高，音调越高，反之音调越低；三是音色，是由波形决定的，典型的音色波形有方波、锯齿波、正弦波、脉冲波等；四是乐音，是指有规则的让人愉悦的声音。

在商业领域里，利用声音刺激消费者的购买欲望是十分普遍的。音乐能使顾客心情舒畅，也能使顾客心浮气躁。在音乐的运用上应注意三种现象：一是选择背景音乐时一定要结合门店的经营文化和目标消费者的特征，柔和的背景音乐能营造购物气氛，优雅的音乐能使消费者的心情舒畅，提高消费者的回头率，增加门店的销售额；二是控制音量的高低，让人感觉舒适；三是播放音乐时要适时有度，并定时更换，避免审美疲劳。

体验活动

一、活动背景

根据自愿组合的原则，由 5 名学生组成一个学习活动小组，每个小组成员分工协作，选择我国服装、化妆品、餐饮、家电行业中一家连锁企业的门店，实地进行门店内部设计的调研。

二、活动要求

根据连锁经营企业门店设计的有关知识，请按照对该门店内部设计的调研信息进行填写。

企业名称（门店名称）	
布局类型	主要描述内容

活动评价

团队成员活动测评表

测评内容	评判标准	总分	自评分
企业名称/门店名称	不填,扣10分;缺1个,扣5分	10	
布局类型1	不填,扣30分;无名称,扣5分;描述不全,扣10分	30	
布局类型2	不填,扣30分;无名称,扣5分;描述不全,扣10分	30	
布局类型3	不填,扣30分;无名称,扣5分;描述不全,扣10分	30	
合　计		100	

团队活动测评表

测评内容	评判标准	总分	团队自评分
团队合作完成质量	较好达到目标	20	
	基本达到目标	15	
	未完成目标	15	
团队协作精神情况	互助精神较好	20	
	互助精神一般	15	
	互助精神较差	15	
合　计		100	

知识与技能测试

一、单项选择题

1. 商圈是指以(　　)为核心,向四周辐射至前来消费的消费者所居住的地理范围。

A. 行政中心　　B. 门店坐落点　　C. 高档小区　　D. 最繁华地段

2. 核心商圈是指占本门店顾客总人数的(　　)的、离门店最近的消费者密集区域。

A. 45%—60%　　B. 55%—80%　　C. 55%—70%　　D. 50%—80%

3. 1987年肯德基将在中国的第一家门店地址选在了(　　)。

A. 广州　　B. 上海　　C. 天津　　D. 北京

4. (　　)指商品店面标志系统中可以被识别、但不能用语言表达的部分,是店面标志的图形记号,包括符号、图案或明显的色彩或字体。

A. 店名　　B. 店标　　C. 招牌　　D. 牌号

5. 连锁企业门店的(　　)一般设置在收银台处,收银台附近可设置一些单位价格不高的商品,供排队付款的顾客选购。

A. 入口处　　B. 橱窗　　C. 出口处　　D. 招牌

6.(　　)是门店临街用于展览样品的玻璃窗,是门店的第一展厅,既可起到介绍商品、指导消费、促进销售的作用,又能成为吸引过往行人的艺术佳作。

A. 店标　　B. 店门　　C. 橱窗　　D. 招牌

7.(　　)布局是商品陈列货架与顾客通道都呈长方形分段安排,而且主通道与副通道分别保持一致,所有货架相互并行或呈直角排列。

A. 格子式　　B. 自由流动式　　C. 岛屿式　　D. 标准式

8.(　　)是指在规划卖场时,评估出的比较能吸引消费者的畅销区域。

A. 热销卖场区　　B. 展销卖场区　　C. 磁石卖场区　　D. 促销卖场区

二、多项选择题

1. 商圈分为三个层级,即(　　)。

A. 核心商圈　　B. 次级商圈　　C. 边缘商圈　　D. 区级商圈

2. 依据区域的消费功能,商圈可分为(　　)等形态。

A. 商业区、住宅区　　B. 文教区、办公区　　C. 混合区、工业区　　D. 开发区

3. 连锁经营企业门店地址选择时需要考虑的社会因素是(　　)。

A. 城市设施与交通条件　　B. 人口结构与生活水平

C. 经济发展与政策法律　　D. 商业区、住宅区

4. 连锁经营企业门店地址的确定程序是(　　)。

A. 决策实施　　B. 门店地址调研　　C. 店铺广告论证　　D. 分析认证

5. 招牌的类型主要有(　　)。

A. 屋顶招牌与壁上招牌　　B. 标志杆招牌与路边标志牌

C. 塑料招牌与木质招牌　　D. 正面招牌

6. 橱窗设计主要采用(　　)等橱窗布置。

A. 综合式　　B. 系统式　　C. 专题式　　D. 特写式

7. 具备第一磁石卖场的基本要素是(　　)。

A. 销售热销商品　　B. 入、出门前

C. 位于卖场主通道两侧　　D. 消费者必经之地

8. 具备第二磁石卖场的基本要素是(　　)。

A. 销售热销商品　　B. 展示流行商品　　C. 展示季节感商品　　D. 位于通道的末端

9. 连锁门店的灯光照明可分为(　　)。

A. 装饰照明　　B. 商品照明　　C. 基本照明　　D. 橱窗照明

三、判断题

1. 门店经营的活动范围通常都有一定的地理界限,也即有相对稳定的商圈。 (　　)

2. 商圈要素是指消费人群、经营者、管理模式、发展规划和商圈形象等内容。 (　　)

3. 在实际运作过程中,商圈是通过调查的方法来确定的。 (　　)

4. 经过商圈的分析与市场调查之后,即可做出在某个区域是否能开店的决定。 (　　)

5. 通常,规模较大的门店将出口与入口分开,门店出口一般设在顾客流量大、交通方便的一边。 (　　)

6. 门店场地面积可分为营业面积、仓库面积和附属面积三部分。通常,营业面积占总面积的60%—70%,仓库面积和附属面积各占15%—20%。 (　　)

7. 门店名称是用来标明经营性质、招揽生意的牌号或标志,仅仅是一个代号。 (　　)

8. 门店标准色一般以1—2种色彩为主,以不超过三种色彩为宜。 (　　)

四、简答题

1. 简述商圈分析的主要作用。

2. 简述磁石卖场区的设置依据。

3. 简述连锁经营企业门店运用音乐吸引消费者消费的技巧。

项目四　熟悉分类
——连锁经营企业商品管理

学习目标

- 了解连锁经营企业商品定位的含义
- 熟悉连锁经营企业的商品分类方法及内容
- 明确连锁经营企业的商品组合策略原则的主要作用
- 掌握连锁经营企业门店商品陈列的原则、要求与方法

项目背景

连锁经营企业通过商品的定位、商品的组合和商品的管理来提高门店的管理水平，通过门店商品的多元化陈列方式增强门店服务的特色及质量，全面提升连锁经营企业的竞争能力。

周学海同学在生活中几乎每周都要在连锁超市、连锁便利店购物。现作为一名连锁经营管理专业的学生，他在购物中进行思考：该连锁经营企业门店的商品定位、商品组合、商品管理、商品陈列为什么是这样的？其理论依据是什么？他带着这些问题，进入了本项目的学习。

学习情境一　连锁经营企业商品组合

连锁经营企业通过对消费群体的心理与需求的分析，针对竞争者的差异化战略，确定商品的品种、档次、价格和服务等商品定位，通过商品组合来体现企业的经营理念，树立在消费者心目中的形象。

学习指南

一、连锁经营企业商品定位

1. 商品定位的含义

商品定位是指连锁经营企业针对目标消费群体与相关供应商的产品确定商品经营结构，以实现商品配置的最佳化。

2. 商品定位的基本程序

商品定位的基本程序有以下四个环节：

(1)分析连锁企业的属性

连锁经营企业的属性决定了该企业经营的商品结构及重点。通常便利店主要经营的是食品和日常用品，超市除了食品和日常用品以外，还有服饰和化妆类商品。

(2)分析目标消费群的因素

连锁经营企业在确定市场定位后，基于市场视角对目标消费群的多元性结构进行主客观分析，了解影响消费的各种因素，作为商品定位的基本依据。

(3)设定目标消费群的需求

在分析影响目标消费群的主客观因素后，设定消费群的需求，通过问卷调查等方法获取相关信息，并在分析与归类的基础上，明确商品定位。

(4)确定品种档次、服务

在确定商品定位后，就要明确连锁经营企业所经营的商品种类、商品档次和服务水准，为企业的目标消费群服务。有了针对性的商品定位，就能满足消费群的购物要求，扩大营业额。

案例链接 **佐丹奴成功的市场定位**

成立于1981年的佐丹奴是香港的一家服装连锁店，专门出售男性便服、T恤衫和牛仔裤，约2 000家门店遍布全球20多个国家。创始人将佐丹奴定位于高档品牌，花巨资邀请英国前首相撒切尔夫人的公子马克·撒切尔等名人为其大做广告。然而广告出了名，服装生意连连亏损。1986年，创始人面对每况愈下的业务，认识到高档品牌的市场定位对便装不适合，即将其转变为大众服装，并引入快餐店的经营方式，为消费者提供标准化的服务和大众化的商品。短短几年里，佐丹奴起死回生。1991年，公司营业额达16亿元，销售约500万件，几乎每两个香港人就拥有一件佐丹奴服装。1992年佐丹奴进军中国内地市场，一举成功。佐丹奴的成功首先得益于正确的市场定位，其次是适宜的经营方式。

二、连锁经营企业商品组合

1. 商品组合的含义

商品组合又称商品经营结构，是指连锁经营企业依据商品的属性，按照一定的系统规律构成的若干个商品系列的销售组合。商品属性是商品组合的基本方法，如食品类、服饰类等。系统规律除了以按商品属性组合以外，还可根据营销策略、商品功能性的关联度进行搭配，如电器产品与插座、手电筒与电池等。

2. 商品组合的策略

商品组合策略是指连锁经营企业根据自己的经营目标，对构成商品组合的宽度、深度和关联度等方面进行决策，提高市场的竞争力。商品组合宽度是指连锁经营企业所经营商品类别的数目，扩大商品组合宽度可拓展企业的经营范围，实行多元化经营，分散企业经营风险；商品组合深度是指连锁经营企业对同类商品进行更多的细分，满足消费者的不同需求和偏爱；商品关联度是指各商品相互联系的程度，如女装店，除了服装以外，还可配置皮包、配件、化妆品等相关性商品。

3. 商品组合的基本原则

商品组合应遵循以下两个基本原则：

(1)顾客导向原则

顾客导向原则的基本内涵有两个方面：一是满足目标消费群的正常购物需求。连锁经营企业在确定商品组合时，应根据对目标消费群的调研，合理搭配不同商品、类型或款式、规格和季节性物品，并有一定的合理数量，满足其基本的正常购物需求。二是满足目标消费群购物的便利性，连锁经营企业在确定商品组合时，应根据门店的空间和设备，依据是否是消费者重点采购的商品以及购物频率的高低，按照由外而内、由前而后、由高而低的原则进行陈列组合，让消费者进入门店后就能很方便地寻找到购物的目标，使消费者产生一种便捷、舒心的感觉。

(2)商品管理原则

连锁经营企业在确定商品组合时，应根据门店和不同设备的特点进行合理布局，以便对商品进行有效管理。

4. 商品组合的类型

通常商品组合有三大类：一是宽而浅的组合，其特点是经营的商品种类较多，而每类商品的规格、型号和品种较少，适合于大型或高级门店；二是窄而深的组合，其特点是经营的商品种类较少，而每类商品包含着众多的花色品种，适合于高级商品专卖店；三是窄而浅的组合，其特点是经营的商品种类及花色品种较少，以消费群基本生活所需商品为主，适合于小型的中低级商品门店和一般超级市场。

5. 商品组合的方法

商品组合的方法有以下四种：

(1)季节性商品组合法

该方法是根据季节性原则对商品进行组合，如春季可组合春茶商品群，夏季可组合夏凉床上用品，秋季可组合秋令滋补商品群，冬天可组合冬令滋补商品群等。

(2)假日性商品组合法

该方法是根据节假日的特点对商品进行组合，如中秋节前夕可组合月饼系列商品群，情人节前夕可组合各种情人系列商品群，春节前夕可组合礼品商品群等。

(3)便利性商品组合法

该方法是根据便利性消费的特点对商品进行组合，如快餐面系列、熟制品系列等。

案例链接　　啤酒与尿布的便利组合

沃尔玛拥有世界最大的数据库系统，集中了各门店的原始交易数据，并对这些数据进行分析与处理，发现跟尿布一起购买最多的商品竟然是啤酒。通过大量的实地调查，原来购买这两种商品的顾客几乎都是家中有婴儿的男性，每次购买的时间均在周末。因为年轻的丈夫中有40%的喜欢边看球、边喝啤酒，于是在购买啤酒的同时，随手带回太太叮嘱为小孩购买的尿布。啤酒与尿布的神奇组合成为现在沃尔玛销售的有趣一幕，并一直为商家津津乐道。

(4)功能性商品组合法

该方法是根据商品功能性消费的特点对商品进行组合，如厨房用品系列、家电用品系列、化妆品系列等。

案例链接　　　　文具组合的销售魅力

英国伦敦有一家专营纸张、文具、图钉、回形针、尺子等文教小用品的小店，老板将铅笔、钢笔、橡皮与剪刀、透明胶带、1米长的卷尺、10厘米长的塑料尺、小订书机、合成糨糊放进一个设计精巧、图案漂亮、色彩鲜艳、轻便易带的盒子里，受到了中小学生和办公人员的欢迎，销售额直线上升。老板尝到甜头后，按着这个思路进行探索，再配上电子表和温度计，使其功能趋于立体化，并将盒子弄成千姿百态的变形金刚，满足了孩子们的好奇心，销售额又得到了持续飙升。由于该店不断创新，人们给了它一个雅号“爱的小屋”，并蜚声海外。

体验活动

一、活动背景

根据自愿组合的原则，由5名学生组成一个学习活动小组，每个小组成员分工协作，选择我国服装、化妆品、餐饮、家电行业中一家连锁企业的门店，实地对门店的商品组合进行调研。

二、活动要求

根据连锁经营企业商品组合的有关知识，请按照对该门店商品组合的调研信息进行填写。

企业名称 (门店名称)	
商品组合形式	商品组合形式的内容

活动评价

团队成员活动测评表

测评内容	评判标准	总分	自评分
企业名称/门店名称	不填,扣12分;缺1个,扣6分	12	
商品组合形式1	不填,扣22分;无名称,扣4分;描述不全,扣10分	22	
商品组合形式2	不填,扣22分;无名称,扣4分;描述不全,扣10分	22	
商品组合形式3	不填,扣22分;无名称,扣4分;描述不全,扣10分	22	
商品组合形式4	不填,扣22分;无名称,扣4分;描述不全,扣10分	22	
合　计		100	

团队活动测评表

测评内容	评判标准	总分	团队自评分
团队合作完成质量	较好达到目标	20	
	基本达到目标	15	
	未完成目标	15	
团队协作精神情况	互助精神较好	20	
	互助精神一般	15	
	互助精神较差	15	
合　计		100	

学习情境二　连锁经营企业商品分类与管理

连锁经营企业所营销的商品,门类齐全、品种繁多、规格多样、数量成千上万。经营者必须根据顾客的购物习惯、消费心理,从管理的视角对商品进行管理,体现经营特色,吸引更多的顾客光顾、消费,提高企业销售额。

学习指南

一、连锁经营企业商品分类

商品分类是指对连锁经营企业经营的商品依据一定原则分门别类，并赋予一定代号。连锁经营商品的分类方法主要有下列两种：

1. 以层级分类

按层级分类，通常有以下四种形式：

(1)大分类

大分类通常按商品的特性来划分，例如水产品是一个大分类，属于这个分类的商品都与水、海、河有关系，保存的方式、加工方式也基本相同，因此可以归为一类。在超市中，大分类的数量不超过10个，通常给一个代码，这样比较容易管理。

(2)中分类

中分类有三种依据：一是按商品用途划分。如在日用杂货大分类下，可区分出家庭用品的中分类。二是按商品加工方法划分，有些商品按用途划分有难度，就可以商品制造方法进行划分，如畜产品大分类中可细分熟肉制品的中分类，火腿、香肠、腊肉、咸肉等就可以归类在这里。三是按商品产地划分，如在果蔬大类下设置国产水果与进口水果这两个中分类，那么所有的水果就可收集于其中。分类的顺序是，先按商品的用途划分，再按商品的制造方法划分，最后按商品的产地划分。

(3)小分类

小分类是在中分类的框架内再进行细分。小分类有四种方法：一是按商品用途划分，如在日用品大类下设健康美容的中分类，其中可设洗发水、沐浴露等多个小分类；二是按规格、包装形态划分，如在一般食品大分类中的饮料中分类下，可细分出听装饮料、瓶装饮料、盒装饮料等小分类；三是按商品成分划分，如在日用品大类下设酒的中分类，其中可设白酒、红酒、啤酒、黄酒等多个小分类；四是按商品口味划分，如在一般食品大分类中的快餐面的中分类下，可细分出辣味、海鲜味等小分类。

(4)单品

单品是根据商品的尺寸、颜色、规格、价格、式样等来区分的，是商品分类中最底层的商品。

连锁经营企业的商品分类是按大、中、小原则来划分，要做好商品分类，还要根据本企业的实际情况，编制出适合于自身的分类系统(见表4—1)。

表 4-1　　　　　　　　**连锁经营企业商品分类结构示意**

代码	大类	代码	中类	代码	小类	代码	单品
1	日用品	101	健康美容	101001	洗发水	101001001	华丽洗发水
						101001002	…
				101002	沐浴露	…	…
						…	…
		102	纸制品	101011	纸品	101001011	…
						…	…

2. 以商品群分类

(1)主力商品

主力商品是指所完成的销售量或销售金额在门店销售业绩中占主导地位的商品。构成主力商品范围的,通常是符合目标消费群需求的商品、季节性商品、与竞争门店错位商品、比竞争门店更具优势的商品等。主力商品能体现企业的经营方针、特征,决定着企业经营的成败。

(2)辅助商品

辅助商品是指在价格、品牌等方面对主力商品起辅助作用的商品,或以增加商品宽度为目的的商品。其能使得门店商品结构完整,满足顾客的多元化需求,从而提升门店的销售额。

(3)关联商品

关联商品是指与主力商品和辅助商品共同购买、共同消费的商品。关联商品的特点是方便顾客购买,增加主力商品的销售量。关联商品的配备能够迎合顾客购买中喜欢便利的消费倾向。

二、连锁经营企业商品双元管理

1. 畅销商品的管理

(1)畅销商品的确定方法

确定畅销商品的方法有三种:一是经验法,适用于尚未建立 POS 系统、规模较小的门店,比照历史同期的销售统计资料,选择排名前 20 位的商品作为畅销商品。二是竞争法,门店刚成立时,缺乏一定数据信息的积累,则可通过调查竞争对手门店陈列货架商品的空缺情况,选择空缺最多的商品作为畅销商品。三是统计法,利用 POS 系统汇总的销售额排行榜,列出前 20%的商品作为畅销商品。在这三种方法中,统计法最合理、最有效,经验法不适应现代连锁经营企业的现状,竞争法虽然简便易行，但数据有一定的偶然性。

（2）畅销商品的原因

畅销商品主要取决于四大因素：一是价廉物美，深受消费者的欢迎；二是功能独特，缺之不可，又无法取代；三是商品品牌，符合目标消费群的喜爱；四是服务优质，不管是售前还是售后，得到消费者的认可。

（3）畅销商品的管理方法

畅销商品的管理主要有两种方法：一是适时调整，由于畅销商品具有季节的鲜明性、消费的多变性、产品的周期性和货源的不确定性，所以要根据四季、顾客的明显消费特征和产品的周期进行调整；二是有效管理，对于畅销商品要在采购计划中做到优先采购，在配送中心运营中要做到优先存储、优先配送，在门店商品管理中要做到优先上架、优先促销，在与供应商交易时要优先结算，保证货源的持续性。

2. 滞销商品的管理

（1）滞销商品的确定方法

确定滞销商品的方法有两种：一是以销售额或销售量为淘汰标准，根据门店销售额统计资料，个别品牌商品销售额或者销售量连续一段时间低于该类商品平均销售额或者销售量，该商品即可定为滞销商品；二是以销售排行榜名次为标准，在门店内按销售额或销售量进行商品排名，末位商品就可定为滞销商品。

（2）商品滞销的原因

造成商品滞销的原因主要有五个方面：一是因品质问题导致顾客退货，造成积压；二是因供货不及时，延误销售时机；三是因进价或采购成本过高，导致销售价格不易被顾客接受；四是因未掌握市场销售动态，造成供销脱节；五是因促销或陈列方式不佳，引不起顾客的注意。

（3）滞销商品的类型

滞销商品有两大类型：一是完全滞销，是指这类商品周转时间太长，超出门店设定的周转率；二是相对滞销，是指这类商品销售得不理想，需要加强推销力度。

（4）滞销商品的处理方法

处理滞销品应以最大限度减少店铺损失为前提。主要有九种方法：一是展示促销，变换滞销品的陈列位置，吸引消费者眼球；二是对比促销，将同品种商品进行高低价位的对比陈列，突现滞销品的价格优势；三是示范促销，进行免费品尝或产品示范服务，突显商品优点；四是配套销售，将类别、功能相近的产品进行组合销售，让消费者更多地关注该产品；五是捆绑销售，买一送一；六是与供应商再次商议进价，在获得更低的价格时进行商品促销；七是异地转移销售，由其他分店处理；八是作为赠品，购买一定数量的商品后，获此赠品；九是内部店员购买，调整为合理价位，吸引店员购买。

体验活动

一、活动背景

根据自愿组合的原则，由 5 名学生组成一个学习活动小组，每个小组成员分工协作，选择我国服装连锁企业的门店，实地对门店商品分类管理进行调研。

二、活动要求

根据连锁经营企业商品分类的有关知识，请选择该门店一种商品品类并按照大分类、中分类、小分类和单品的名称分别填写。

企业名称 （门店名称）				
商品分类形式	各类商品名称			
大分类	名称：			
中分类	1. 名称		2. 名称	
小分类	1—1. 名称		1—2. 名称	
	2—1. 名称		2—2. 名称	
单品	1—1—1. 名称	a.　　;b.　　;c.		
	1—2—2. 名称	a.　　;b.　　;c.		
	2—1—1. 名称	a.　　;b.　　;c.		
	2—2—1. 名称	a.　　;b.　　;c.		

活动评价

团队成员活动测评表

测评内容	评判标准	总分	自评分
企业名称/门店名称	不填，扣 5 分；缺 1 个，扣 2.5 分	5	
大分类	不填，扣 5 分；错 1 个，扣 5 分	5	
中分类	不填，扣 10 分；错 1 个，扣 5 分	10	

续表

测评内容	评判标准	总分	自评分
小分类	不填，扣 20 分；错 1 个，扣 5 分	20	
单品	不填，扣 60 分；错 1 个，扣 5 分	60	
合　计		100	

团队活动测评表

测评内容	评判标准	总分	团队自评分
团队合作完成质量	较好达到目标	20	
	基本达到目标	15	
	未完成目标	15	
团队协作精神情况	互助精神较好	20	
	互助精神一般	15	
	互助精神较差	15	
合　计		100	

学习情境三　连锁经营企业门店商品陈列

商品陈列是指运用一定的技术和方法对商品布局进行管理、展示商品的工作。其目的是提供商品最新信息，刺激顾客的购买欲望，给予顾客购物导向，创造舒适的购物环境，提升门店的服务形象。

学习指南

一、商品陈列的基本工具

1. 货架

货架是门店最主要的陈列设备，可分为靠壁型的单面架和通道型的双面架。按照门店的经营形态，又可分为轻型货架、量贩货架、仓储货架等。门店的货架大多以可拆卸组合的钢制货架为主，高度分别为 1.35 米、1.52 米、1.65 米、1.80 米，长度以 0.9 米、1.20 米等为最常用的规格。具体使用哪种规格的货架，则视各门店设计理念及门店具体情况而定。一般来说，采用较高的货架可陈列较多品种的商品，但商品的损耗率也会提高，而采用低矮的货架，视野较为良好，而且较无压迫感。

2. 商品橱

商品橱又称玻璃展示橱，通常陈列轻薄短小且高级精致的商品，配合强调照明，更可衬托出商品的品质。

3. 陈列柜

陈列柜通常具有专用性与功能性的特点，适用于主力商品的陈列，体现商品的价值，确保商品的品质。

4. 展示台

展示台一般用于商品的展示，以较有设计变化的高低台、平面台、角度台及其他不规则形状的陈列面，展现商品的特色与魅力。

5. 端架

端架是指在整排货架的最前端及最后端，也就是顾客购物路线的转弯处，是顾客经过频率最高的地方，也是最佳的陈列位置。

二、商品陈列的基本原则

商品陈列的基本原则有以下九项：

1. 分区定位原则

分区定位原则是指每一类、每一项商品都必须有一个相对固定的陈列位置，便于商品陈列标准化和顾客选购商品。商品一经配置后，商品陈列的位置和陈列面一般不宜变动，因换季节或重大促销活动而进行整体布局调整的情况除外。

2. 关联性原则

关联性原则不是简单地集中在一个区域陈列，而是要求在尽可能的情况下，端头陈列的商品与相邻货架商品有关联，让端头发挥一定的导购作用，相邻堆头之间也要注意关联陈列，注意平稳过渡。相关商品货位布置要邻近或面对面，以方便顾客相互比较，促进连带购买。

3. 易见易取原则

易见易取原则包括显而易见和伸手可取两个方面。显而易见是指商品在货架上要引起顾客的注意，贴有价格标签的商品正面要朝向顾客，每一种商品不能被其他商品挡住视线，货架下层不易看清的陈列商品，可以倾斜式陈列；伸手可取是指顾客自由方便地拿到在货架上陈列的商品，对一些挑选性强、又易脏手的商品，应配有简单的拿取工具，方便顾客挑选。

4. 前进梯状原则

前进梯状原则包括前进陈列和梯状陈列两个方面。前进陈列是指按照先进先出的原则补货，当货架上陈列的前排商品被买走后，营业员要将凹到里面的商品往外移，从后面开始补充陈列商品。如果暂无补充货源，就应空缺，以提醒采购部门及时补充货源。如此货不再销售，则应进行前进陈列，以保持陈列的整齐。梯状陈列是指商品的陈列应前低后高，呈现梯状，使商品陈列既有立体感和丰富感，又不会使顾客产生被商品压迫的感觉。

5. 纵向陈列原则

纵向陈列原则是指将系列商品进行垂直陈列，使顾客对整个系列商品一目了然，从而起到很好的销售效果。纵向陈列法也可将相关的同类商品同时展现在顾客的面前。

6. 整齐陈列原则

整齐陈列原则是指货架、堆头、端架上的陈列商品必须整齐，这是门店商品展示的门面。如果仓库库存不足，不能保证货架放满，就要把商品靠近前排陈列，以保证商品陈列的整齐。如果仓库没有库存，可在空缺的地方放置"此货暂缺"标志，或用其他有关联性的、销售比较好的商品填补。

7. 业绩陈列原则

业绩陈列原则是指以销售业绩为依据分配陈列段位，销售好的商品处于好的段位，反之亦然。销售是一个动态的过程，要不断分析销售的基本情况，适时做好陈列段位的调整。

8. 清洁陈列原则

清洁陈列原则是指陈列的商品要清洁、干净，没有破损、污物、灰尘。不合格的商品要及时从货架上撤下。

9. 安全陈列原则

安全陈列原则是指商品的陈列要考虑货架的承重能力，轻、小的商品放在货架的上方，较重、较大的商品放在货架的下方。堆头商品不宜超高、超大，堆头、货架附近不要堆放库存商品，避免给顾客带来不安全的隐患。

三、商品陈列的基本方法

商品按类别集中式陈列是最基本的陈列方法。在采用集中陈列的基础上，还可以运用一些变化性的陈列方法，能起到更好的效果。具体内容如下：

1. 整齐陈列法

整齐陈列法是指将单个商品根据货架的尺寸确定商品长、宽、高的排面数进行整齐地排列的方法(见图 4-1)。整齐排列法突出了商品的量感，适用于折扣率高和季节性的商品，通常配置在中央陈列货架的尾端或两端。

图 4—1　整齐陈列法

2. 随机陈列法

随机陈列法是指在确定的货架上随意地将商品堆积的方法(见图 4—2)。随机陈列法所占用的陈列作业时间很少,主要适用于特价商品,给顾客一种“特卖品就是便宜品”的印象,可配置在中央陈列架的通道内或需要吸引顾客的地方,其目的是带动这些地方陈列商品的销售。

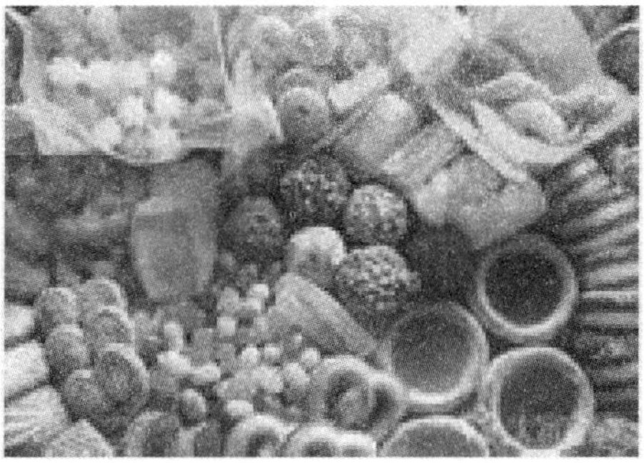

图 4—2　随机陈列法

3. 端头陈列法

端头是指门店内最能引起顾客注意力的场所,是商品陈列的黄金位置,并能起到引导顾客走向的功能。端头一般用来陈列特价品、新产品和利润高的商品。

4. 盘式陈列法

盘式陈列法是指将非透明包装箱的上部切除,将包装箱的底部作为商品陈列的托盘,以显示商品包装的促销效果(见图 4—3)。通常是整箱整箱地堆积,只在上面一层做盘式陈列,提示顾客可以整箱购买,通常配置在中央陈列货架的尾端或两端以及进出口特别展示区。

5. 岛式陈列法

岛式陈列法是指在超级市场的进口处、中部或者底部不设置中央陈列架,而配置陈列用的特殊展台陈列商品的方法。岛式陈列法的特点是可从四个方向观看,

图 4—3　盘式陈列法

其陈列的用具一般是冰柜、平台、大型的货柜和网状货筐等。

6. 窄缝陈列法

窄缝陈列法是指在中央陈列货架上撤去几层隔板，只留下底部的隔板，形成一个窄长的空间进行陈列的方法。窄缝陈列的商品只能是 1 至 2 个单项商品，所要表现的是商品的量感，陈列量是平常的 5 倍，能吸引顾客的注意力，适用于新产品或利润高的商品。

7. 悬挂式陈列法

悬挂式陈列法是指将商品悬挂在固定的、可转动的、装有挂钩的陈列架上的陈列方法。其适用于扁平或细长形的轻质商品，能使商品产生立体感的效果。

8. 突出陈列法

突出陈列法是指将商品放在篮子、车子、箱子、存物筐或突出延伸板内，陈列在相关商品的旁边销售。其主要目的是打破陈列的单调感，诱导和招揽顾客。

商品陈列的基本方法不是孤立的，而是有机的、相互联系的。其最根本的依据是要增加商品销售的机会、提高顾客购买兴趣，进而增加销售额，提升企业的竞争实力。

体验活动

一、活动背景

根据自愿组合的原则，由 5 名学生组成一个学习活动小组，每个小组成员分工协作，选择我国一家连锁超市门店，实地对门店的商品陈列进行调研。

二、活动要求

根据连锁企业门店商品陈列的有关知识，请按照对该门店商品陈列方式的调研信息进行填写，并附相关照片。

企业名称 （门店名称）	
商品陈列形式	商品陈列形式描述（附照片）
1.	
2.	
3.	
4.	
5.	
6.	
7.	
8.	

活动评价

团队成员活动测评表

测评内容	评判标准	总分	自评分
企业名称/门店名称	不填，扣 4 分；缺 1 个，扣 2 分	4	
商品陈列形式	不填，扣 56 分；缺 1 个描述，扣 7 分	56	
商品陈列照片	不附照片，扣 40 分；缺 1 张，扣 5 分	40	
合　计		100	

团队活动测评表

测评内容	评判标准	总分	团队自评分
团队合作完成质量	较好达到目标	20	
	基本达到目标	15	
	未完成目标	15	
团队协作精神情况	互助精神较好	20	
	互助精神一般	15	
	互助精神较差	15	
合　计		100	

知识与技能测试

一、单项选择题

1.（　　）是指连锁经营企业针对目标消费群体与相关供应商的产品确定商品经营结构，以实现商品配置的最佳化。

A. 商品属性　　B. 商品定位　　C. 商品结构　　D. 商品组合

2. 在一般食品分类中，小分类的划分依据是（　　）。

A. 商品用途　　B. 规格、包装形态　　C. 商品成分　　D. 商品口味

3.（　　）是指所完成的销售量或销售金额在门店销售业绩中占主导地位的商品。

A. 主力商品　　B. 滞销商品　　C. 辅助商品　　D. 关联商品

4. 确定畅销品时，可比照历史同期的销售统计资料，选择排名前 20 位的商品，其称为（　　）。

A. 统计法　　B. 计算法　　C. 经验法　　D. 竞争法

5. 周转时间太长，超出门店设定的周转率的商品称为（　　）。

A. 滞销商品　　B. 完全滞销商品　　C. 畅销商品　　D. 相对滞销商品

6. 门店中最主要的商品陈列设备是（　　）。

A. 展示台　　B. 橱窗　　C. 陈列柜　　D. 货架

7. 在整排货架的最前端及最后端，是顾客购物路线的转弯处及经过频率最高的地方，其是（　　）。

A. 端架　　B. 单面架　　C. 货架　　D. 双面架

8. 每一类、每一项商品都必须有一个相对固定的陈列位置，便于商品陈列标准化和顾客选购商品，其是（　　）。

A. 分区定位　　B. 关联性陈列　　C. 整齐陈列　　D. 纵向陈列

二、多项选择题

1. 商品组合应遵循的原则是(　　)。

A. 分区定位原则　　B. 顾客导向原则　　C. 易见易取原则　　D. 商品管理原则

2. 商品组合可依据(　　)等基本的商品组合方法。

A. 季节性　　B. 假日性　　C. 功能性　　D. 便利性

3. 商品分类中的中分类通常根据(　　)划分。

A. 商品用途　　B. 商品加工方法　　C. 商品颜色　　D. 商品产地

4. 辅助商品的作用是(　　)。

A. 增加商品宽度　　B. 满足顾客多元化需求

C. 使得门店结构完整　　D. 增加主力商品的销售量

5. 畅销商品取决于它的(　　)。

A. 商品品牌　　B. 价廉物美

C. 优质服务　　D. 无法取代的独特功能

6. 对畅销商品的有效管理体现在(　　)。

A. 优先采购与存储　　B. 优先结算与配送

C. 优先上架与促销　　D. 优先定价

7. 造成商品滞销的主要原因有(　　)等。

A. 延误销售时机或供销脱节　　B. 进价或采购成本过高

C. 促销或陈列方式不佳　　D. 因品质问题导致顾客退货,造成积压

8. 岛式陈列法是(　　)。

A. 可从四个方向观看　　B. 可用冰柜、平台、货柜和网状货筐等陈列

C. 设在卖场进口处　　D. 中部或者底部不设置中央陈列架

三、判断题

1. 商品分类是指对连锁经营企业所有经营商品依据一定原则进行分门别类,并赋予一定代号。(　　)

2. 在超市中,大分类的数量不超过5个,通常给一个代码,这样比较容易管理。(　　)

3. 与主力商品和辅助商品共同购买、共同消费的商品称为关联商品,可以为顾客提供便利并增加主力商品的销售量。(　　)

4. 单品是根据商品的尺寸、颜色、规格、价格、式样等来区分的,是商品分类中最高层的商品。(　　)

5. 利用POS系统汇总的销售额排行榜,列出前20%的商品作为畅销商品,这是确定畅销商品最合理、最有效的方法。(　　)

6. 对一些挑选性强、又易脏手的商品,应配备导购人员,不应让顾客自行挑选。(　　)

7. 进行商品陈列时,好的段位应当留给销售业绩较差、需要大力促销的商品。(　　)

8. 为了给顾客带来新鲜感,可时常将商品陈列的位置进行变动。(　　)

四、简答题

1. 简述商品组合的基本原则与方法。
2. 简述滞销商品的类型与确定方法。
3. 简述商品陈列的基本原则与基本方法。

项目五　知晓配送
——连锁经营企业配送

学习目标

- 了解连锁经营企业配送中心的形式
- 熟悉连锁经营企业配送中心的功能
- 明确连锁经营企业配送中心的岗位职能
- 掌握连锁经营企业商品采购业务流程

项目背景

商品采购与配送是连锁经营企业营运过程中十分重要的两个环节，决定着商品流通费用的高低、商品售价的高低，直接关系到企业的经营效益。

周学海同学在连锁经营企业的门店内，看到成千上万的不同品种、规格的商品，看到不同的配送车辆将货物送到门店。他在想，这些商品是如何从生产厂商送到门店销售的？配送人员又是属于哪个企业或部门，与连锁经营企业有何关系？带着这些问题，他进入了本项目的学习。

学习情境一　连锁经营企业配送中心

配送中心是从事货物配备(集货、加工、分货、拣选、配货)和组织对用户的送货,以高水平实现销售或供应的现代流通机构。通常拥有 20 个便利门店或 10 个超市的连锁经营企业,就需要建立一个配送中心。

学习指南

一、连锁经营企业配送中心的形式

1. 配送中心的组织结构

配送中心的组织结构是根据配送中心的经营目标和作业流程来决定的。其结构如图 5—1 所示。

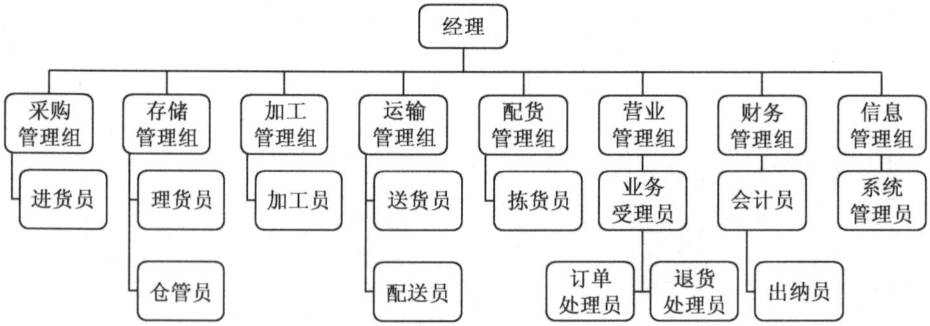

图 5—1　配送中心组织结构

2. 配送中心的类型

连锁企业配送中心可分为以下四种主要类型:

(1)自建型配送中心

通常,一个便利连锁经营企业当拥有 20 家门店、总面积达到 4 000 平方米,或一个超市连锁经营企业当拥有 10 家门店、总面积达到 5 000 平方米时,就有建立配送中心的必要。自建型配送中心就是由连锁经营企业独自建立、独立经营的,负责为门店或分店进行储存保管、分拣配货、配装送货、流通加工,根据需要在指定时间内把定量的商品送达各分店。选择自建型配送中心的连锁企业,通常是规模较大、资金雄厚、有长远战略的企业,如沃尔玛有 25 个大型配送中心。

案例链接　　　　　　现代化配送中心——海烟物流

海烟物流中心占地100亩，自动立体库约2.6万个，主要配送卷烟和食品百货，配送范围为上海境内38 000多家门店。该中心通过国际先进水平的物流系统，实现信息处理及时、配送流程优化、存取选拣自动化、物流管理智能化，从而在物流的各时间节点上达到无缝衔接。物流中心采用无人自动高架库、自动存取机，有效提高商品的存取速度和仓库的空间利用率。通过采用SAP-ERP系统，负责企业的资源和财务管理；通过SWISSLOG-WMS仓库管理系统负责进、出、存操作管理。两个系统通过无缝对接，缩短了供应链长度，能快速响应客户需求，提高物流效率和准确率。运输上配备了配送车辆170余辆，使用GIS电子地图系统、GPS卫星定位系统，对日常运输管理提供车辆实时监控、运营调度、信息服务，进行有效的监管。

(2)第三方配送中心

第三方配送中心是指连锁企业本身并不经营配送业务，而是借助于第三方物流企业的配送中心将商品送到连锁经营企业配送中心的一种形式。这是一些连锁经营企业为了立足主业经营，走专业化发展道路，将企业的配送业务委托给第三方物流企业，降低企业的经营成本，如日本的7-ELEVEn便利店等。

(3)共同配送中心

共同配送中心是指由多家连锁企业联合起来，为实现整体物流配送合理化，在互惠互利原则的指导下，共同出资建设配送中心，共同制订计划，共同对某一地区的用户进行配送，共同使用配送车辆的配送模式，尤其是一些经营规模较小或门店数量较少的连锁企业常采用这一模式。

(4)供应商配送中心

供应商配送中心就是由生产企业直接将连锁企业采购的商品在指定的时间范围内送到各个连锁门店甚至到货架的物流活动。通常中小连锁经营企业由供应商直送商品的比例较高，而大型连锁经营企业趋向于通过自己的配送中心对门店实施配送。据估计，供应商直送商品的数量只占总量的15%—20%。

二、连锁经营企业配送中心的功能

配送中心是指从事货物配备和组织对用户进行送货，以高水平实现销售和供应服务的现代流通机构。其具有商品采购、储存、分拣、配组、分装及信息处理六大功能。

1. 采购功能

采购是配送中心的首要基本功能，必须备全所要供应、配送的物品。为此，由主管部门根据市场供求变化的情况制订采购计划，并由专门人员组织实施。

2. 储存功能

连锁经营企业与供应商签订采购合同后，除了部分商品采用直送以外，大部分商品要入库储存（见图 5—2）。适量的货物库存是为了能及时对门店货物进行补缺，保障门店的正常销售。有些货物需要在入库时进行加工和分装，如肉类分割、计量、包装等，以满足消费者的需求。

图 5—2 立体式仓库

3. 分拣功能

连锁经营企业是通过门店销售开展经营服务的。由于各个门店的销售情况不同，在补给的商品种类、规格、数量等方面都有很大差异，配送中心必须根据各门店的补货清单项目，从储备商品中进行分拣（见图 5—3）、配货，才能满足门店的经营要求。

图 5—3 分拣设备

4. 配组功能

当单个门店配送数量不能达到车辆的有效载运负荷时，配送中心就根据配送的商品、路线和时间等情况进行合理配装（见图5—4），充分利用车辆的运力，提高经济效益，降低送货成本。送货人员则根据门店的路线，以最短的距离与最快的时间将货物送达门店。

图5—4 配组作业

5. 分装功能

从配送中心的角度来看，它往往希望采用大包装、大批量的进货来降低进货价格和进货费用。但是用户企业为了降低库存、加快资金周转、减少资金占用，则往往要采用小批量进货的方法。为了满足用户的要求，即用户的小包装、小批量、多批次进货，配送中心就必须进行分装（见图5—5）。

图5—5 分装作业

6. 信息处理功能

现代化的配送中心一般具有完备的信息系统，对库存商品、分拣配货、配装送货等信息进行处理，有效发挥配送中心的功能。如通过信息系统能随时掌握库存商品的种类、规格和数量等情况，有计划地安排采购；提高GPS定位系统（见图5—6），能即时掌握车辆的运输情况，保证物品能及时送到门店等。

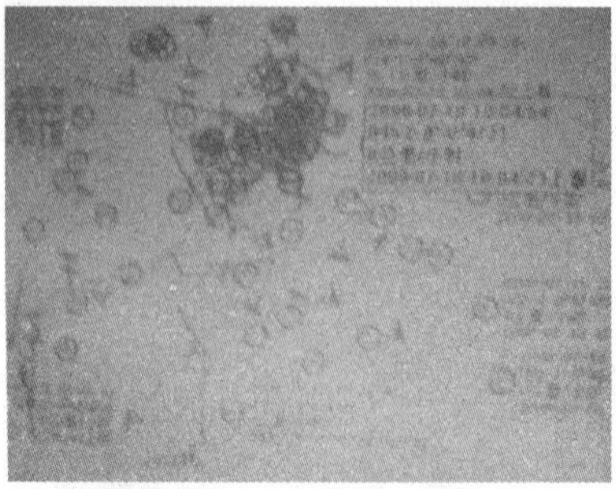

图 5—6　GPS 定位系统

三、连锁经营企业配送中心岗位职能

1. 经理岗位职能

负责组织实施、监督、检查，协调各种业务关系，掌握存货、仓容的信息，强化经营管理，保证经营目标的实现。

2. 采购管理岗位职能

负责订货、采购、进货等作业环节的安排及相应的事务处理，并负责到货物现场验收工作。

3. 存储管理岗位职能

负责货物的入库验收、存储、保管、养护和出库等作业的运作与管理。

4. 加工管理岗位职能

根据订单的要求对货物进行包装、分割、计量、分拣、刷标志、组装等简单的流通加工作业。

5. 运输管理岗位职能

根据订单的要求设计好配送运输方案，将货物安全送达指定的地点，并对所完成的配送任务进行确认。

6. 配货管理岗位职能

负责对出库货物的拣选和配组作业进行管理。

7. 营业管理岗位职能

负责接收和传递客户的订货信息、处理客户的投诉，受理客户退、换货的请求等，并对退货商品进行整理与清点。

8. 财务管理岗位职能

负责配送中心的财务处理、财务报表的编制与控制，处理日常的税务，妥善保管会计资料等。

9. 信息管理岗位职能

负责系统的运行环境的建设与维护，保证机器设备等硬件设施的正常运行，及时处理计算机系统运行过程中的异常情况，并做好计算机操作人员的培训工作，监督本部门人员按规定操作计算机。

体验活动

一、活动背景

根据自愿组合的原则，由 5 位学生组成一个学习活动小组，每个小组成员分工协作，选择我国一家大型连锁企业物流中心或配送中心，通过线上与线下方式调研该中心的主要岗位责任。

二、活动要求

根据连锁经营企业配送中心的有关知识，请按照对该中心的调研信息填写下列内容。

企业名称 （门店名称）	
主要岗位	岗位责任描述
1.	
2.	
3.	
4.	
5.	
6.	
7.	
8.	

活动评价

团队成员活动测评表

测评内容	评判标准	总分	自评分
企业名称/中心名称	不填,扣 4 分;缺 1 个,扣 2 分	4	
岗位名称	不填,扣 32 分;缺 1 个,扣 4 分	32	
岗位责任	不填,扣 64 分;缺 1 个描述,扣 8 分	64	
合　计		100	

团队活动测评表

测评内容	评判标准	总分	团队自评分
团队合作完成质量	较好达到目标	20	
	基本达到目标	15	
	未完成目标	15	
团队协作精神情况	互助精神较好	20	
	互助精神一般	15	
	互助精神较差	15	
合　计		100	

学习情境二　连锁经营企业商品采购

商品采购是指为保证销售需要,通过等价交换方式取得商品资源的一系列工作环节。商品采购在连锁经营企业营运过程中处于重要环节,是商品销售的前提,并决定着商品流通费用的高低、商品售价的高低,直接关系到企业的经营效益。

学习指南

一、连锁经营企业商品采购原则

1. 合适的采购价格

作为采购商,首先希望获得一个合适的价格,它能直接降低企业的经营成本。

一个合适的价格需要四个环节的努力才能获得：一是多询价，询价的对象应包括老的供应商和新的供应商，掌握该物品市场价的基本情况；二是细比价，比价是在分析各供应商提供的商品品质、性能、规格、数量、服务等基础上，进行“货比三家”，筛选出价格最合适的三个供应商；三是巧议价，根据供应商的支付方式、采购数量和供货的时间、地点等不同，与供应商商议一个双方都能接受的合理价格；四是定价，根据三个供应商的综合情况，选择其中一个最合适的价格，作为签约的价格。

2. 合适的采购时间

合适的采购时间是指采购的时间不宜太早也不宜太晚。太早，则造成存货堆积，占用仓储面积；太晚了，则导致商品脱销，顾客流失，影响超市的形象。在“零库存”的观念下，适时采购、及时交货是最理想的采购模式。

3. 合适的商品品质

合适的商品品质是指该商品的技术标准或条件必须达到国际标准、国家标准、行业标准所规定的基本要求，而不是越高越好。品质是企业的经济生命线，对连锁经营企业来说，采购物品的品质达不到规定的要求，不仅会引起大量的顾客投诉，增加管理费用，严重的还会丢失客户。

4. 合适的采购数量

合适的采购数量是指能满足连锁经营企业正常的销售数量。采购量过大，会占用仓储场地，可能造成商品的积压。如果采购数量太少，则会增加采购作业的次数，提高采购各项成本，还会延误门店的商机，直接影响企业的经济效益。

5. 合适的采购地点

合适的采购地点是指供应商交货的地点与连锁经营企业物流中心之间的距离不宜太远，且交通便利。合适的供货地点不仅使得买卖双方沟通更为方便，处理事务更快捷，亦可降低采购物流成本。

二、连锁经营企业商品采购方式

1. 分散采购

分散采购是由连锁经营企业各门店自行组织采购的形式。其适用于连锁经营企业大型超市门店，通常由采购部负责。分散采购的优点是能适应门店销售市场的变化，及时补货。缺点是因进货量小难以取得较低的价格，并容易造成各连锁门店各自为政，影响门店采购任务的实现。

2. 集中采购

集中采购是由连锁经营企业设置采购部进行统一采购，各门店专门负责销售，与采购脱离。只有实行统一采购，才能真正做到统一陈列、统一配送、统一促销策划、统一核算，才能真正发挥连锁经营的优势。集中采购是目前连锁经营企业采用的主要形式，其优点是有利于降低进货商品的价格，有利于提高采购专业化水平，降低商品采购成本。缺点是容易在信息管理程度不高的企业中发生购销脱节的现象。

3. 分散与集中结合采购

分散与集中结合采购是将一部分商品的采购权集中，由连锁经营企业总部的专门机构负责，另一部分商品采购权交给各门店实施。通常做法是，对于批量大的商品或外地商品实行集中采购；对于批量小的商品或本地商品实行分散采购。该采购形式集中了分散采购与集中采购的优点，但也会造成门店采购不力的现象。

案例链接　　麦德龙采购新政

麦德龙是全球第三大零售商，针对专业客户，实行"现购自运"的商业模式，并有独特的采购体系。麦德龙进入中国内地后，继续实行统一采购政策，一些本土商品都要由麦德龙中国区总部采购，然后从上海配送到中国各个门店，从而导致配送时常跟不上。为此，麦德龙实施采购新政，规定区域公司采购部可在当地进行生鲜类、蔬果类产品的采购，由总部质量检测等相关部门进行综合评估，最后由总部与区域公司协商决定。以北京首家门店为例，90%以上的肉制品、水果和蔬菜等鲜货商品都从北京当地采购。麦德龙的采购新政不仅降低了这些商品的采购成本，还有效保障了产品的品质，大大促进了在中国内地的事业的发展。

三、连锁经营企业统一采购机制

1. 统一采购机构的设置

统一采购机构是连锁经营企业总部的一个重要业务部门，负责保质、保量、经济、高效地采购企业所需要的各类商品，以满足连锁门店商品的销售需求。连锁经营企业采购部门在组织结构设置上，通常是按商品类别进行架构，如生鲜食品部、一般食品部、百货杂品部、电器部等，在此基础上企业可根据自身规模以及商品结构妥善进行细分或组合，有利于专业化分工，提高工作效率。

2. 统一采购机构的职能

统一采购机构的主要职能有以下五个方面：

(1)常规商品补充采购

这类商品已有确定的供应渠道，采购部门只需要执行或续签供货合同，即可完成商品的补充订货。

(2)开发新商品

开发新商品是指采购部门寻找没有销售过的商品，满足消费者不断变化的消费需求，保证企业的持续发展。

(3)降低采购成本

低价格策略是企业的主要营销策略，而低价格是以低成本做保证的。统一采购可以通过对进货方式、付款条件、采购数量以及采购次数的选择，有效地控制采购费用，降低进货成本。

(4)控制商品质量

连锁企业经营的商品少则几千种，多则几万种，在质量控制上需要借助生产厂家、供应商的力量。

(5)协调供应商的关系

连锁经营企业与供应商是一种合作竞争关系，良好的合作能够达到企业与供应商双赢的效果，对不良供应商实施淘汰制。

3. 统一采购机制的作用

统一采购机制的作用有以下三个方面：

(1)可增强对供应商的议价实力

连锁经营企业实行统一采购制度，进货种类多且数量大，对供应商有非常大的吸引力，往往可获得较低的进价，还可以获得一定比例的佣金。

(2)可降低采购成本

连锁经营企业总部建立一个采购部，实行专业化管理，实行统一采购、统一配送，有利于采购成本的降低，还可从供应商获得一定的进店费、赞助费和促销费等。

(3)可规范采购行为

通过统一采购，建立一套行之有效的规章制度及制衡机制，可以避免商业贿赂等现象的发生。

4. 统一采购机制的局限性

具体表现为以下两个方面：一是由于购销分离体制难以明确界定连锁经营企业整体销售业绩的职权范围，所以容易引发采购人员与门店销售人员的矛盾与冲突；二是统一采购制度所对应的统一商品结构、统一价格策略、统一促销策略、统一商品陈列等，很难适应不同商圈类型门店的消费的需求。

四、连锁经营企业商品采购业务流程

一般商品采购业务流程如下：

1. 门店提出补货商品

连锁经营企业总部的营运部门将各门店提出的补货商品汇总成采购清单，交给主管领导审核，经其确认后由采购部执行该清单的采购任务。

2. 采购部选择供应商

当采购部接到采购任务时，根据采购清单的具体商品选择供应商，包括老供应商和新供应商，向其询盘，获得发盘后，对交易条件进行分析。

3. 采购部与供应商签约

采购部对各供应商提出的各项交易条件进行分析，选择其中最合适的供应商，就某项具体的商品签订采购合同，明确商品品质、规格、数量、包装、价格、支付方式和交货的时间及地点等内容。

4. 采购部进行订单跟进

当采购合同签订后，采购部安排指定的采购员根据采购合同规定的品质、包装和交货时间进行跟进，掌握其相关信息，保证供应商能按时按质地履行合同的义务。

5. 采购部进行入库验货

采购部接到供应商的交货通知后，根据到货的具体时间，在指定仓库协助有关人员进行验货，并确保交货的品质、种类、规格、包装和数量符合合同的规定。核准后，入库仓储。

6. 财务部结算货款费用

财务部根据采购合同中的支付条款的规定，与供应商进行货款及有关费用的结算。经主管领导同意后进行银行转账，并做好相应的台账。

7. 汇总商品相关信息

采购部对采购信息进行归档，对各门店的商品售后信息进行归类，如顾客对商品品质的投诉、门店在商品管理中发现商品短缺或积压等情况，并与供应商进行接洽，处理好相关事宜。

五、连锁经营企业对供应商的管理

供应商管理是指连锁经营企业对供应商的调查、选择、合作与维护等管理工作。对供应商进行管理的目的是为连锁经营企业的发展提供稳定的、充足的物质保障，并形成一支战略伙伴队伍。

1. 供应商选择的基本因素

选择一个合适的供应商应注意以下三个因素：

(1)技术水平

考查供应商的技术水平，主要包括：工艺技术与产品设计是否具有先进性，提供的商品技术参数能否达到规定的要求，是否建有一个良好的质量控制体系，后续研发是否具有一定的能力等。这些能衡量出企业的生产技术能力，是保证产品质量的基本前提。

（2）供应能力

考查供应商的供应能力，主要包括：企业的生产设备数量，生产场地面积，职工数量等。这些能判断出企业生产的规模和生产能力，能衡量出交货能力的大小。

（3）经营能力

考查供应商的经营能力，主要包括：企业的财务状况是否良好，资信是否良好，生产是否具备规定的许可条件，售后服务体系是否健全等。这些能反映企业的经营现状，能衡量出经营能力的好坏。

2. 供应商选择的基本方法

选择合适的供应商通常可采取“望”“闻”“问”“切”的中医诊断方法。

（1）望

望是指看。一是通过看可掌握生产企业的基本信息。例如，核查生产企业法人登记注册事项。任何个人或组织都能到当地工商注册管理部门查询企业法人登记注册情况，包括企业法人和法定代表人姓名、经济性质、经营范围和方式、注册资本、成立时间、营业期限、经营场所等内容，这样可获得较为全面、真实的信息。在实际工作中，有些资信不良的生产企业提供的营业执照复印件有虚假现象，如不核实企业法人登记注册情况，将留下隐患。二是通过看可确认生产企业的产能。跟单员通过实地观看生产企业的规模、生产企业的机器设备、工厂的管理、厂房的面积及安全情况等，可判断是否达到对商品需求的生产能力，是否符合我国有关法律法规所规定的相关要求。

（2）闻

闻是指听。主要是从各个方面听取有关生产企业的经营管理的状况、产品信息的反馈、基本员工的素质和企业文化的层面等信息。采购员在“望”的基础上，通过对“闻”到的信息进行深入的分析，从而对生产企业有较正确的认识。

（3）问

问是指询问。询问的对象可以是生产企业的业务员、管理人员、生产员工，也可以是企业管理的高层或其他相关部门。“问”需要有技巧，“问”的内容应是有关产能、品质和交货期等主要问题。

（4）切

切是指判断。采购员在选择供应商的过程中，在“看”“听”“询问”的基础上做正确的判断，其尤为重要。例如，采购员通过对供应商的实地了解，可以测算生产企业实际生产能力。

采购员除了运用好“看”“听”“询问”“判断”的基本方法，还须注意供应商能否提供合适的价格、合适的折扣、合适的佣金、合适的付款方式及期限等。

3. 供应商的管理

(1)供应商的考核

供应商考核是指对供应商在履行合同的过程中，通过客观、科学的综合评价指标体系进行全面评价。主要包括供应商生产设备的先进性、产品质量控制的系统性、技术研发的潜能性、价格体系的合理性、消费者满意度的可比性等内容。通常可成立一个考核小组，对供应商进行综合评分，并进行排序，实施优胜劣汰制度。

(2)供应商档案管理

供应商档案管理主要有两个方面的内容：一是建立供应商的基本档案资料，包括供应商的企业资质、产品类别、负责人、联络方式、财务情况、产品样本、内部管理、用户信息反馈等信息；二是建立供应商的业务档案资料，包括供应商在履行合同过程中出现问题的记录、解决方案的记录、服务过程记录。建立供应商档案管理可为以后选择供应商提供客观依据，能提高企业的工作效率。

体验活动

一、活动背景

根据自愿组合的原则，由 5 名学生组成一个学习活动小组，每个小组成员分工协作，选择我国一家大型连锁企业物流中心或配送中心，通过线上与线下方式调研该中心采购部门的岗位责任和商品采购方式。

二、活动要求

根据连锁经营企业商品采购的有关知识，请按照对该中心的调研信息填写下列内容。

企业名称 （中心名称）	
采购部门岗位责任	
商品采购流程	

活动评价

团队成员活动测评表

测评内容	评判标准	总分	自评分
企业名称/中心名称	不填，扣 10 分；缺 1 个，扣 5 分	10	
采购目标岗位责任	不填，扣 40 分；缺 1 个，扣 5 分	40	
商品采购流程	不填，扣 50 分；缺 1 个环节，扣 10 分	50	
合　计		100	

团队活动测评表

测评内容	评判标准	总分	团队自评分
团队合作完成质量	较好达到目标	20	
	基本达到目标	15	
	未完成目标	15	
团队协作精神情况	互助精神较好	20	
	互助精神一般	15	
	互助精神较差	15	
合　计		100	

学习情境三　连锁配送作业

连锁配送是一个综合性的物流活动，既包含着货物运输，也融合着存储、理货、配装等活动。连锁配送与送货不同，不是简单地将货主的货物送达收货人处，而是建立在备货和配货基础上的送货活动。

学习指南

一、连锁配送作业基本流程

不同类型的配送中心作业内容有所不同，通常作业环节如下：

1. 进货

配送中心收到门店补货信息后，先要确定配送货物的种类和数量，再查询配送中心库存能否满足。如果暂缺或现货数量不足，则及时向总部采购部门发出订单，进行订货。

2. 验收

当供应商按照采购合同规定的时间进行交货时，必须对货物进行检验，检查货物的种类、品质、规格、数量、包装是否符合合同的相关规定。如果发现不符点，要详细记录差错情况，并拒绝接收货物。

3. 入库

供应商提交的货物经过检验合格后，配送中心仓库员在收货单上签收，并将货物的有关信息及时输入到配送中心的管理信息系统，做到输入的信息与实际计划的现状相符。

4. 分类

配送中心仓库员在输入信息后，根据配送中心对商品的分类要求，按照商品的类别、品种、规格进行区分，将其分门别类地存放到指定的仓位的货架上。

5. 存储

入库货物要根据采购计划和门店的实际需求进行分类储存，并根据出库的时间进行合理安排。存储期间要确保商品的质量与安全，尤其是容易变质的食品等。

6. 加工

加工不是必需环节。有的大包装需要拆装，有的生鲜品需要切割包装，有的商品需要加贴标签，有的需要根据门店的促销要求对捆绑商品进行包装等简单的劳动。

7. 分拣

除了少数自动化设备进行分拣以外，大部分都是由人工分拣。根据拣货单的要求，在相关储存区域内挑选指定的商品及数量，并放入集货箱内等待配货。

8. 配货

工作人员根据配货单上各门店所需要的商品、规格和数量进行分配，将一个门店的物品全部集中在某指定区域内，等待装车。

9. 配装

工作人员根据送货路线，将不同门店的货物组合、配装在同一辆载货车上，充分利用载货车厢的容积，提高运输效率，降低送货成本，也减少了交通流量，有利于环境的保护。

10. 送货

送货员在货物配装后及时装车，根据规定的时间和路线将物品送达门店，将指定的物品如数交付店长或指定工作人员。门店验收货物后，在送货单上签字，交给送货员。

案例链接　　7-ELEVEn便利店配送中心沿革

7-ELEVEn便利店创建于1927年美国得克萨斯州，标榜该商店营业时间由上午7时至晚上11时。1974年被日本零售商伊藤洋华堂引入，变更为24小时全天候营业。1979年被台湾统一集团代理，进入中国港台地区和中国内地。该企业配送系统发展有三个阶段：最初没有自己的配送中心，由批发商完成货物配送。随着企业规模的扩大，与批发商、制造商共建统一的集约化配送系统，由批发商自筹资金建设配送中心，在7-ELEVEn的指导下为门店送货。为了与7-ELEVEn合作进入一个广阔的市场，许多批发商也愿意在配送中心上做必要的投资。随着企业规模的进一步扩大，经营水平的不断提升，7-ELEVEn自建配送中心，设有电脑网络配送系统。该系统每天接收各门店的库存报告和要货报告，配送中心根据这些信息汇总，向不同的供应商发出订单。当收到供应商的货物后，根据不同门店的需求进行配货，翌日运达指定门店，满足门店的销售。配送中心的建立，降低了配送成本、采购成本和管理成本，促进了企业的经济发展。

二、连锁配送作业管理

配送中心的作业管理主要有进货入库作业管理、在库保管作业管理、加工作业管理、理货作业管理和配货作业管理。

1. 进货入库作业管理

(1)入库前的准备工作

配送中心收货员应做好接收货物的准备工作。具体要求是：掌握连锁总部和供应商在计划中或在途中的进货量；掌握可用的库房空储仓位、装卸人力等情况；与有关部门、人员进行沟通，做好接货计划。

(2)入库货物检验工作

检验工作的主要内容包括：确认采购合同与供货商发货单的有关项目，如货名、数量、包装等是否相符；开包检查商品的品质有否异议，内包装及数量是否符合规定。经检验并核准无误后，方可在供应商发货单上签字，将商品入库，并及时登录有关入库信息，转达采购部，经采购部确认后开具收货单，从而使已入库的商品及时进入可配送状态。

2. 在库保管作业管理

在库保管作业管理的主要内容是:根据商品属性、周转率、理货单位等因素确定商品的储位;根据商品账务和盘点制度对储存商品数量进行管理。在库保管作业管理的目的是加强商品养护,确保商品质量安全,加强储位合理化、储存商品数量精确化,提升商品配送作业的工作效率。

3. 加工作业管理

加工作业管理主要是指对即将配送的产品或半成品按销售要求进行再加工。其主要工作如下:

(1)分割加工

分割加工是指对大尺寸产品按不同用途进行切割,如按不同的部位对猪、鱼进行分割,包装后进行销售。

(2)分装加工

分装加工是指对散装或大包装的产品按零售要求进行重新包装,如对大米、大豆、白糖等散装货物进行分装,按500千克、250千克一袋进行包装。

(3)分选加工

分选加工是指对农副产品按质量、规格进行分选,并分别包装,如茶叶、红枣等按一级、二级进行分选包装。

(4)促销包装

促销包装是指为了配合门店的促销策略,将滞销商品、新产品与其他商品进行捆绑,作为赠品搭配进行销售。

(5)贴标加工

贴标加工是指将价格等有关标签黏贴在商品上,使得该商品处于可配送状态。

4. 理货作业管理

理货作业管理是指配送中心接到配送指示后,及时组织理货作业人员,按照出货优先顺序、储位区域、配送车辆趟次、门店号、先进先出等方法和原则,把配货商品整理出来,经复核人员确认无误后,放置到暂货区,准备装货上车。理货作业主要有以下两种方式:

(1)播种方式分拣

播种式分拣货物类似于田野中的播种操作。具体做法是:将数量较多的同种货物集中运到发货场,然后,根据每个货位货物的发送量分别取出货物,并分别投放到每个代表门店的货位上,直到配货完毕。

(2)摘果方式分拣

摘果方式分拣就像在果园中摘果子那样去拣选货物。具体做法是:作业人员拉着集货箱(或称分拣箱)在排列整齐的仓库货架间巡回走动,按照配送单上所列的品种、规格、数量等将客户所需要的货物拣出及装入集装箱内。通常，每次拣选时只为一个门店配装，不易发生差错。

5. 配货作业管理

配货作业管理的内容主要有以下三个方面：

(1)制订配送计划

配送计划是根据配送的要求，事先做好全局筹划并对有关职能部门的任务进行安排和布置。全局筹划主要包括制订配送中心计划、规划配送区域、规定配送服务水平等内容。

(2)配送计划的实施

首先，配送计划确定后，将到货时间、到货品种、规格、数量以及车辆型号通知各门店，使其做好接车准备；其次，向各职能部门，如仓储、分货包装、运输及财务等部门下达配送任务，各部门做好配送准备；复次，理货部门按要求将各门店所需的各种货物进行分货及配货；最后，按计划将各门店货物组合、装车，按指定的路线运送到各门店，完成配送工作。

(3)配送作业评价

为了进一步提高配送服务质量，提高配送的效率，必须对配送作业进行评价。评价的内容包括：平均每人的配送量、平均每人的配送距离、平均每人的配送重量、平均每人的配送车次；平均每台车的吨公里数、平均每台车的配送距离、平均每台车的配送重量；空车率；配送平均速度；配送延迟率等。

体验活动

一、活动背景

根据自愿组合的原则，由5名学生组成一个学习活动小组，每个小组成员分工协作，选择我国一家大型连锁企业物流中心或配送中心，通过线上与线下方式调研该中心配送作业流程。

二、活动要求

根据连锁配送作业的有关知识，请按照对该中心的调研信息填写下列内容。

企业名称 (中心名称)	
配送作业环节	作业内容描述

续表

1.	
2.	
3.	
4.	
5.	
6.	
7.	
8.	

活动评价

团队成员活动测评表

测评内容	评判标准	总分	自评分
企业名称/中心名称	不填,扣 4 分;缺 1 个,扣 2 分	4	
作业环节名称	不填,扣 32 分;缺 1 个,扣 4 分	32	
作业内容描述	不填,扣 64 分;缺 1 个描述,扣 8 分	64	
合　计		100	

团队活动测评表

测评内容	评判标准	总分	团队自评分
团队合作完成质量	较好达到目标	20	
	基本达到目标	15	
	未完成目标	15	
团队协作精神情况	互助精神较好	20	
	互助精神一般	15	
	互助精神较差	15	
合　计		100	

知识与技能测试

一、单项选择题

1. 若想在采购过程中获得一个合适的价格，需要首先向新老供应商多(　　)，掌握该物品市场价的基本情况。

A. 比价　　B. 定价　　C. 询价　　D. 议价

2. 商品采购时间的理想模式是(　　)。

A. 越早越好，以防止商品脱销　　B. 越晚越好，以防止存货堆积

C. 适时采购、及时交货　　D. 根据经验判断

3.(　　)是目前连锁经营企业采用的主要形式。

A. 分散采购　　B. 集中采购　　C. 独立采购　　D. 集体采购

4. 供应商(　　)是指对供应商在履行合同的过程中，通过客观、科学的综合评价指标体系进行全面评价。

A. 选择　　B. 考查　　C. 维护　　D. 考核

5. 据估计，供应商直送商品的数量只占商品配送总量的(　　)。

A. 15%—20%　　B. 20%—30%　　C. 30%—40%　　D. 40%—50%

6. 通常，一个便利连锁经营企业当拥有(　　)家门店、总面积达到 4 000 平方米，或一个超市连锁经营企业当拥有(　　)家门店、总面积达到 5 000 平方米时，就有建立配送中心的必要。

A. 20/10　　B. 20/20　　C. 20/30　　D. 10/20

7. 根据拣货单的要求，在相关储存区域内挑选指定的商品及数量，并放入集货箱内等待配货的过程称为(　　)，除少数由自动化设备进行外，大多数都是由人工完成。

A. 配货　　B. 配装　　C. 分类　　D. 分拣

8. 通常，供应商直送门店的商品数量只占总量的(　　)。

A. 10%—15%　　B. 15%—20%　　C. 20%—25%　　D. 5%—10%

二、多项选择题

1. 连锁经营企业配送中心的功能是(　　)。

A. 采购与储存功能　　B. 分装功能　　C. 分拣与配组功能　　D. 信息处理功能

2. 构成第三方配送中心的要素是(　　)。

A. 连锁企业本身并不经营配送业务　　B. 连锁企业商品借助于第三方物流企业配送

C. 第三方物流配送是一种形式　　D. 商品必须是有价值的

3. 构成自建型配送中心的要素是(　　)。

A. 连锁企业独自建立　　B. 连锁企业独立经营

C. 为连锁企业门店进行储存保管　　D. 为连锁企业门店进行配送

4. 选择合适的供应商通常可遵循(　　)的基本方法。

A. 望　　B. 闻　　C. 问　　D. 切

5. 连锁企业配送中心的类型有(　　)。

A. 自建型配送中心　　B. 供应商配送中心

C. 第三方配送中心　　D. 共同配送中心

6. 连锁经营企业商品采购的方式是(　　)。

A. 合适的采购价格　　B. 合适的采购时间与地点

C. 合适的商品品质　　D. 合适的采购数量

7. 连锁经营企业商品采购的原则是(　　)。

A. 分散采购　　B. 集中采购

C. 分散与集中结合采购　　D. 自由采购

8. 选择一个合适供应商的基本要素是(　　)。

A. 企业规模大小　　B. 供应能力　　C. 经营能力　　D. 技术水平

三、判断题

1. 品质是企业的经济生命线,对连锁经营企业来说,采购商品的品质越高越好。(　　)

2. 促销包装是指为了配合门店的促销策略,将滞销商品、新产品与其他商品进行捆绑,作为赠品搭配进行销售。(　　)

3. 分装加工是指对农副产品按质量、规格进行分选,并分别包装,如茶叶、红枣等按一级、二级进行分选包装。(　　)

4. 分选加工是指对散装或大包装的产品按零售要求进行重新包装。(　　)

5. 送货是指送货员根据规定的时间和路线将物品送达门店,如数交付店长或指定工作人员。(　　)

6. 存储是指入库货物根据采购计划和门店的实际需求进行分类储存,并根据出库的时间进行合理安排。(　　)

7. 商品采购是指为保证销售需要,通过等价交换方式取得商品资源的一系列工作环节。(　　)

8. 分散采购是由连锁经营企业总部自行组织采购的形式。(　　)

四、简答题

1. 简述连锁配送中心的类型及其功能。

2. 简述连锁配送中心商品采购原则和采购方式。

3. 简述选择供应商的基本方法。

项目六　略知信息
——连锁经营企业信息管理系统

学习目标

- 了解连锁经营信息的特征和管理要求
- 熟悉连锁经营企业信息管理系统架构及功能
- 明确 POS 系统、MIS 系统、EOS 系统、SIS 系统的主要作用
- 掌握连锁门店管理信息系统及功能

项目背景

连锁经营企业信息管理系统是运用计算机技术对商品、营运、财务等方面进行管理，对信息流、资金流、物流等数据指标进行统计与分析，实施有效的监督、控制，达到商品流通周转最快、资金占用量最小、销售利润率最大的目标。

周学海同学在生活中发现 7-ELEVEn 便利店随处可见，每个收银员每天要收到这么多的货款，门店内的商品又来自不同的供应商，商品每天有 2 次通过送货车配达，这是如何管理的呢？带着这些问题，他进入了本项目的学习。

学习情境一　连锁经营企业信息管理

连锁经营信息是指与连锁经营企业经营管理活动相关的各种情报和信息等。信息管理系统是运用系统论方法，以计算机为信息处理手段，以现代化通信设备为基本传输工具，为管理决策者提供信息服务的人机系统。

学习指南

一、连锁经营信息管理的特征

1. 连锁经营企业信息管理系统的含义

连锁经营企业信息管理系统是连锁经营企业以全面准确的信息为基础，将连锁总部各职能部门、各门店、配送中心三者之间的物流、商流、资金流和信息流进行有效的传递，对这些经济数据指标进行统计与分析，实施有效的监控，为最高管理层或主管领导提供决策依据，从而实现连锁经营企业的规模效益。

2. 连锁经营信息的特征

(1)信息量大

从信息量方面来看，随着消费者需求的日益多样化，企业生产经营向着多品种、小批量的方向发展，顾客对连锁经营服务的需求呈现批量小、变化快、频率高的特征，这就使得连锁经营的信息量日益增大。

(2)信息更新快

从信息更新方面来看，伴随着商品更新换代速度的加快、周转速度的提高、订货次数的增加，连锁经营信息在商流、物流、资金流过程中的更新速度日益频繁。

(3)信息源多

从信息来源方面来看，连锁经营信息包括生产信息、市场信息和社会信息等内容，其要涉及连锁企业内部管理、供应商管理、职能部门管理和消费者行为等主体及客体。

二、连锁经营信息管理的要求

连锁经营信息是伴随连锁经营管理活动同时发生的，贯穿于商流、物流、资金流等工程中，对信息质量有着很高的要求。具体内容如下：

1. 全面适量

从统计学的视角出发，没有全面适量的信息极易导致错误的结果。连锁经营企业要做出一项正确的决策或采取某项有效措施，必须要以全面适量的信息为基础，否则将会影响连锁经营的正常运转和企业的发展。

2. 及时准确

及时准确是指连锁经营信息的搜集和处理必须准确无误，并及时传输给相关部门与人员。只有准确及时的信息对连锁经营企业的管理才有实用价值，才能为其发展提供强有力的信息支撑。

3. 科学畅通

连锁经营企业信息管理系统的信息要全面适量、及时准确，必须做到信息渠道通畅和通信顺畅，并在其基础上对信息搜集、加工处理、存储传递等方面制定科学的管理制度，保障信息的及时性和准确性的顺利实现。

体验活动

一、活动背景

根据自愿组合的原则，由 5 名学生组成一个学习活动小组，每个小组成员分工协作，选择本地区一家连锁企业，上网查询该企业的信息管理系统。

二、活动要求

根据连锁企业信息管理的有关知识，请按照对该企业的调研信息填写下列内容。

企业名称		
信息管理系统名称		
信息管理系统设备	1. 名称	2. 名称
	3. 名称	4. 名称
	5. 名称	6. 名称

活动评价

团队成员活动测评表

测评内容	评判标准	总分	自评分
连锁企业名称	不填，扣 10 分；填错，扣 6 分	10	

续表

测评内容	评判标准	总分	自评分
信息管理系统名称	不填,扣 10 分;填错,扣 6 分	10	
信息管理系统设备	不填,扣 80 分;错 1 个,扣 10 分	80	
合　计		100	

团队活动测评表

测评内容	评判标准	总分	团队自评分
团队合作完成质量	较好达到目标	20	
	基本达到目标	15	
	未完成目标	15	
团队协作精神情况	互助精神较好	20	
	互助精神一般	15	
	互助精神较差	15	
合　计		100	

学习情境二　连锁经营企业信息管理系统架构

通常连锁经营企业信息管理系统主要是由连锁总部信息管理系统、各连锁门店信息管理系统、配送中心信息管理系统和远程联网系统组合而成的一个有机体,实现在总部、各门店、配货中心以及顾客与银行之间的物流、商流、资金流和信息流的对接。总部、各门店与配送中心的信息管理系统是在网络上运行,各部门定期将数据通过网络传到总部,总部可对不同的数据进行分类归纳和统计分析,从而获取企业经营发展的客观原始数据,用作制定政策或对策的依据。

学习指南

一、总部信息管理系统

总部信息管理系统主要为高层管理者与业务主管的决策或对策提供信息平台,是整个连锁经营企业信息管理系统的核心,控制着所有基本信息资料,监视着各个门店的营运情况。总部信息管理系统通常利用数据库的大容量、高效率等特点,对企业的进货、库房业务进行管理,处理各门店销售数据和后台业务,实施物流、商品流、资金流和客户流等管理(见图 6—1)。

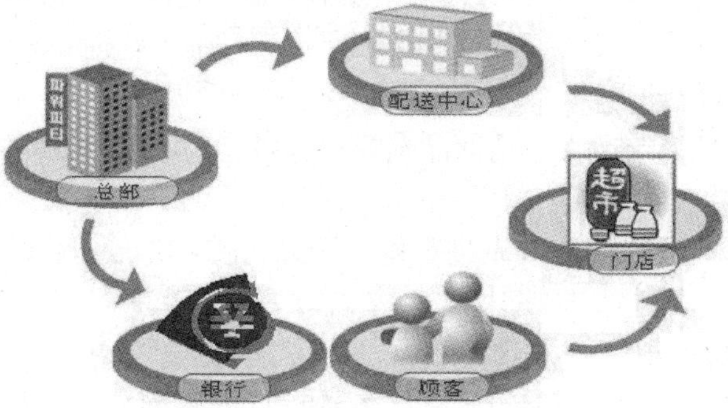

图 6—1　连锁企业信息管理系统架构

1. 总部信息管理系统的架构

总部信息管理系统的架构如图 6—2 所示。

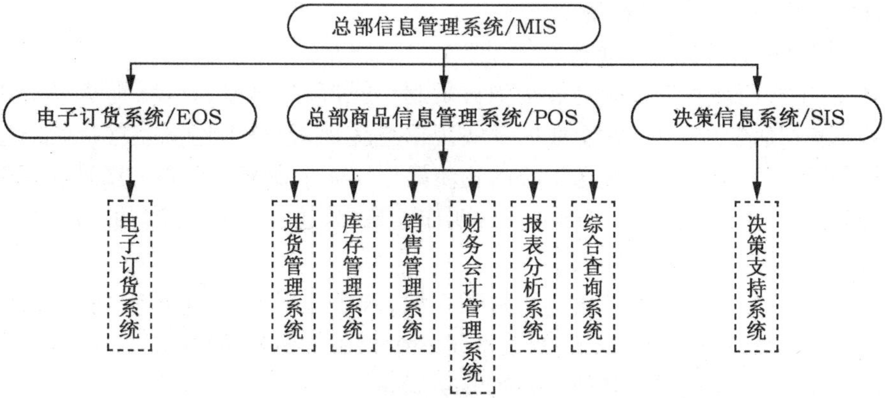

图 6—2　总部信息管理系统的架构

(1)电子订货系统

电子订货系统通常包括订货管理和盘点管理功能。

(2)进货管理系统

进货管理系统通常包括采购预警系统、制订采购计划、市场价格信息管理、供应商信息管理、购货合同管理、购货单据打印系统和到货管理等功能。

(3)库存管理系统

库存管理系统是对出库中的商品与实物进行管理,明确物品的库存名称、规格、数量、存储方式和存放地点。

(4)销售管理系统

销售管理系统是对连锁门店经营的同种商品实行的统一价格管理，对各门店的销售信息进行分析，以便合理进货、合理定价。

(5)财务会计管理系统

财务会计管理系统通常包括商品核算、会计核算和财务核算等功能。

(6)报表分析系统

报表分析系统是对财务报表进行综合分析，能反映出企业经营的状况，如损益、现金流等。

(7)综合查询系统

综合查询系统是为总部和门店提供各种信息的查询服务，以便做出正确的决策。

(8)连锁总部决策支持系统

连锁总部决策支持系统主要包括对数据收集存储、处理分析和检索功能，决策模型建立、存取和求解功能，常用数学分析方法功能，对数据、模型和分析方法的管理功能，人机对话接口功能等。

2. 配送中心信息管理系统

配送中心信息管理系统是从接受订货起，通过商品运输、存储、配货等工作过程，到为各门店配送为止，在企业内部实现信息传递，是整个连锁经营企业信息管理系统的重要组成部分。配送中心的物流操作作业是在配送中心信息管理系统计算机控制下进行的，以指示书的方式说明作业流程，通过计算机控制的自动仓库与机械化分拣装置等设备来完成。

配送中心信息管理系统由订货管理系统、入库管理系统、出库管理系统、库存管理系统、查询统计系统和配送调拨系统六个子系统所构成(见图 6－3)，其中订货管理系统与前述相同。其他子系统的功能如下：

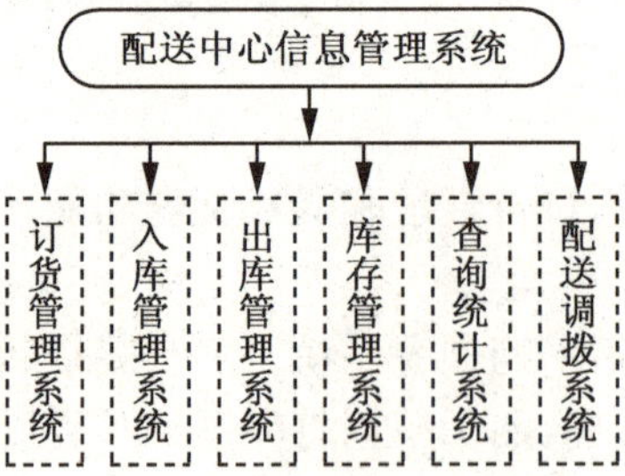

图 6—3　配送中心信息管理系统架构

(1)入库管理系统

入库管理系统是对供应商的入库货品进行核对、入库，以及货品的补货处理。

(2)出库管理系统

出库管理系统是以客户的订单为依据，进行库存货品的对照、库存寻找与核对。

(3)库存管理系统

库存管理系统具有库存商品上限报警、库存商品下限报警、库存商品负数报警、库存停滞商品报警、商品及时出库报警等功能。

(4)查询统计系统

查询统计系统有入库信息、出库信息、返库信息、退货信息、残损信息和库存信息的功能，可对在库的货品现状进行统计与分析。

(5)配送调拨系统

配送调拨系统是由计算机自动做出配送计划，由自动作业线或人工操作来完成。

二、连锁门店信息管理系统

连锁门店信息管理系统是连锁经营企业信息管理系统的基础，对整个门店经营过程中的商品销售、补货以及库存等全过程的信息进行管理与控制，高层管理者或主管通过对这些信息进行采集与分析，作为决策或对策的基本依据。连锁门店信息管理系统是由前台 POS 系统和后台 MIS 管理系统构成，其主要有以下 10 个子系统(见图 6—4)。

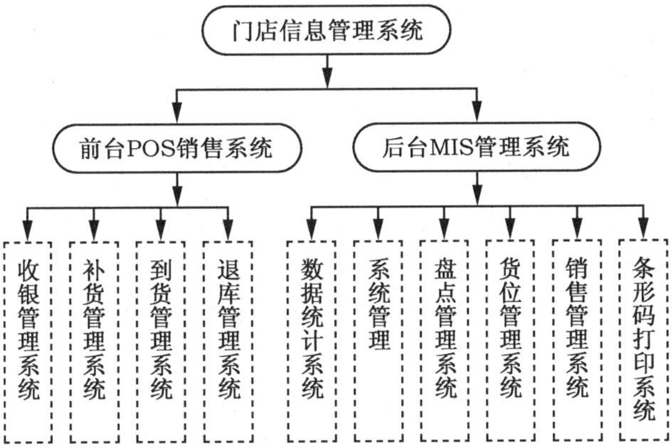

图 6—4　门店信息管理系统的架构

1. 收银管理系统

收银管理系统的功能是对收银机的实时状态进行监测，查看其是否处于工作与收银状态。

2. 补货管理系统

补货管理系统的功能是对低于在架下限值的商品，系统会自动提出补货申请，或由人工填写补货单提出补货申请，并可对补货单进行查询。

3. 到货管理系统

到货管理系统的功能是对验收并确认后的到货物品信息进行输入，并可随时查询。

4. 盘点管理系统

盘点管理系统的功能是由系统自动生成结存商品清单、盘点报告单，供人工盘点时作为参考。

5. 退库管理系统

退库管理系统的功能是针对由于质量、滞销等原因被退还给供应商的物品，须在相应栏目进行人工输入，显示退货物品的名称、规格、数量和具体原因等，并提供随时查询服务。

6. 数据统计系统

数据统计系统主要包括到货、返库、销售的统计，商品毛利率统计，商品销售综合统计，单一商品销售综合统计，商品销售供应商统计等功能。

7. 系统管理

系统管理主要包括信息传输、数据处理与维护、系统维护等，如营业前从总部接收商品变更信息，营业后将本日补货和销售信息上传至总部，对销售数据进行处理，对在架商品库进行修改，对商品在架的上、下限进行修改，对门店人员库进行修改，对销售数据进行压缩备份，对本系统的全部数据进行初始化等。

8. 货位管理系统

货位管理系统是对商品货位维护与统计以及对每一在架商品分配货位号和统计等功能，并通过输入每一货架所对应的理货员进行管理。

9. 销售管理系统

销售管理系统的功能主要包括销售日表与销售报表的统计及打印等。

10. 条形码打印系统

条形码打印系统的功能主要是通过条形码打印机打印商品原有及自编的条形码和收款员密码条形码。

三、远程联网系统

远程联网系统由数据传输系统和数据处理系统组成。数据传输系统是把终端和中心机连接起来，能将数据进行高效、准确、安全的传输；数据处理系统是以最佳的程序，迅速正确地处理数据。远程联网系统主要包括系统管理、发送管理、接受管理、隶控通信和主控通信五个子系统。

四、销售时点信息管理系统

1. POS系统的含义

销售时点信息管理系统(Point of Sale，POS)是指利用条形码技术和自动读取设备，通过前台收银机采集有关商品号、件数、交易时刻等信息，传送给后台联网的计算机进行处理、加工和传送的系统。该系统有广义与狭义之分：广义的POS系统是指由前台POS系统与后台MIS管理系统所构成的，对连锁经营实行全方位管理的信息管理系统；狭义的POS系统是指以POS系统为基础，以销售收款为主要功能的信息管理系统。POS系统实现了商品进、销、存的自动化管理，其将收银员在前台收银机上的操作信息传送给后台计算机，经其处理后的商品销售数据结果储存在服务器数据库中，实施商品销售的实时结算，经营者也可通过商品销售数据库随时了解各种商品的销售信息，及时跟踪与处理销售及结算业务，及时进行商品补货。

2. POS系统的基本构件

POS系统的基本构件主要由商品条形码、POS收银系统、后台电脑和商品代码四部分所构成。

(1)商品条形码

商品条形码是指在商品包装上由一组按照规则排放的条、空及对应字符组成的，用以表示一定商品信息的符号。其中条为深色，空为浅色，用于条形码识读设备的扫描识读；对应字符由一组阿拉伯数字组成，供人们直接识读或向计算机输入数据时使用。每一组条、空与对应的一组阿拉伯数字，所表示的信息是相同的，该信息主要包括商品的生产国名、厂名、产品编号等信息。

商品条形码主要有七种类型：一是零售商品条形码，是指以满足零售扫描结算为主要目的，为商品单元编制的条形码标识；二是非零售商品条形码，是指以满足非零售结算为目的，为商品单元所编制的条形码标识；三是物流单元条形码，是指对物流中临时性商品包装单元所编制的条形码标识；四是位置代码与条形码，是指对厂商的物理位置、职能部门等所编制的代码与条形码标识；五是厂商识别代码，是指国际通用的商品标识系统中表示厂商的唯一代码；六是商品代码，是指包含厂商识别代码在内的对零售商品、非零售商品、物流单元、位置、资产及服务进行全球唯一标识的一组数字代码；七是店内条形码，是指商店为便于商品在店内管理而对商品自行编制的临时性代码及条形码标识。

商品条形码的代码是按照国际物品编码协会(EAN)统一规定的规则编制的，由13位阿拉伯数字组成，简称EAN－13码。其基本结构与含义是：前3位数字叫“前缀码”，用于标识EAN成员的代码，EAN分配给我国的是690、691、692三个代码；中间4位是厂商代码，由中国物品编码中心分配，由厂商规定；后5位为商品代码，由厂商依据产品的品种、商标等进行分配；最后1位为校验码，是为防止误读设置的(见图6－5)。商品条形码的标准尺寸是37.29×26.2毫米，放大倍率是0.8－2.0。当印刷面积允许时，应选择1.0倍率以上的条形码，以满足识读要求。

6 903148 045053

图6－5　商品条形码

商品条形码应用于POS系统，可利用收银机作为终端与主机相连，并借助于光电识读设备录入商品信息，当有条形码符号所表示的信息录入到计算机，计算机从数据库中查找出该商品的名称、价格等，经过数据处理，打印出结算清单，并记录每一笔销售情况。其主要作用有四个方面：一是输入速度快。条形码输入的速度快于键盘输入5倍，只要用扫描阅读器扫过条形码的标签，计算机就可以自动进行阅读标识，显示商品的相关信息。二是采集信息量大。一维条形码一次可采集几十位字符的信息，二维条形码可采集千个字符的信息。三是准确度高。采用条形码技术误码率低于百万分之一，减少了差错，提高了工作效率。四是灵活实用。条形码标识既可以作为一种识别手段单独使用，也可与其他有关识别设备或控制设备连接起来共同使用。

相关知识

条形码的相关规定

1970年美国食品杂货业率先在食品包装上使用商品条形码，并扩展到世界范围，成为商品的“世界语”。为了规范条形码的设计、制作、注册和使用，必须遵循商品条形码管理的有关规定。商品条形码主要用于对零售商品、非零售商品及物流单元的条形码标识，对其相关规定如下：

零售商品是指在零售端通过POS扫描结算的商品。其条形码标识由全球贸易项目代码(GTIN)及其对应的条形码符号组成。零售商品的条形码标识主要采用EAN/UPC(UPC是以北美地区为主发展的12码方式)条形码。

非零售商品是指不通过POS扫描结算的、用于配送、仓储或批发等操作的商品。其条形码符号主要采用ITF—14条形码或UCC/EAN—128条形码，也可使用EAN/UPC条形码。一个装有24条香烟的纸箱、一个装有40条香烟的托盘都可以作为一个非零售商品进行批发、配送。

物流单元是为了便于运输或仓储而建立的临时性组合包装，在供应链中需要对其进行个体的跟踪与管理。通过扫描每个物流单元上的条形码标签，实现物流与相关信息流的链接，可分别追踪每个物流单元的实物移动。物流单元的编码采用系列货运包装箱代码(SSCC—18)进行标识。一箱有不同颜色和尺寸的12件裙子和20件夹克的组合包装，一个含有40箱饮料的托盘都可以被视为一个物流单元。

标准版商品条形码由厂商识别代码、商品项目代码和校验码组成，缩短版商品条形码由商品项目识别代码和校验码组成。在取得了中国商品条形码系统成员证书、获得全球唯一的厂商识别代码之后，企业要做的就是编制项目代码，并由专人负责管理。编码完成后，应当向中国物品编码中心通报编码信息。

我国2005年10月1日起施行的《商品条形码管理办法》规定：系统成员对其厂商识别代码、商品代码和相应的商品条形码享有专用权；系统成员不得将其厂商识别代码和相应的商品条形码转让给他人使用；任何单位和个人未经核准注册，不得使用厂商识别代码和相应的条形码；任何单位和个人不得在商品包装上使用其他条形码冒充商品条形码；不得伪造商品条形码；销售者应当积极采用商品条形码。销售者在其经销的商品没有使用商品条形码的情况下，可以使用店内条形码。店内条形码的使用，应当符合“店内条形码”(GB/T18283)的有关规定：生产者不得以店内条形码冒充商品条形码使用；销售者进货时，应当查验与商品条形码对应的“系统成员证书”或者同等效力的证明文件。

(2)POS收银系统

POS收银系统用于阅读商品条形码，进行收银结账，记录商品的销售情况。

目前较常用的 POS 收银系统主要有两种:一是“电子收银机+扫描器、主档控制器+电脑”。该系统一般适用于规模较大、收银台数较多的连锁超市,主档控制器可储存商品的主要资料,以批次方式将商品销售资料传至后台电脑,它可减少后台电脑的工作负荷。二是“电脑收银机+扫描器”。该系统适用于规模较小的连锁超市,电脑收银机兼有收银及存取商品销售数据的功能。

扫描器又称商品条形码阅读机,是 POS 收银机的重要组成部分。扫描器是利用光线反射来读取条形码反射回来的光源,再转译成可辨认的数字,以确认是否为建档的商品代号。目前 POS 收银机的扫描器有光笔扫描器、手握式扫描器和固定式扫描器三种类型(见图 6—6)。前两种扫描器价格便宜,适用于商品较重、条形码不易看到的商品等,但是扫描感应较差,需重复多次才有感应效果。后一种扫描器价格较贵,扫描感应效果好。

图 6—6 光笔、手握式、固定式扫描器

(3)后台电脑

后台电脑是前台 POS 收银机的控制中心,是一个商品的信息库。POS 系统要能正常运转,要在后台电脑建立起商品主档资料。该过程是:当扫描器接收了商品条形码信息后,就要到后台电脑查找商品主档资料以辨识商品代码是否正确,然后接受该商品的售价,并记录下该种商品销售数量。当某种商品初次销售时,要依据规定的格式,由商品采购人员将有关该商品的基本资料输入后台电脑,这时该种商品才可进入销售状态。通常,商品主档资料的建立由连锁经营企业总部采购部负责,如电脑联网的话,可传输到各门店后台电脑,如不联网的话,则可以将磁卡送至各门店,再输入至后台电脑建档。

(4)商品代码

商品代码是由厂商按照产品的品种、商标、内装商品规格与数量及包装类型的不同分配不同的号码,一般按照顺序号编制,没有特定含义。

3. POS 系统的主要功能

(1)POS 系统的作业功能

POS 系统的作业功能(见图 6—7)主要包括六个方面:一是存储功能。收银员在进行收银结算时,POS 收银机会自动记录商品销售的原始材料和其他相关的资料,并根据电脑程序设计要求,保证一段时间的记录期,还会整理所记录的全日的销售资料,反映每一个时点、时段和即时的销售信息,作为后台电脑处理的依据。二是查询功能。POS 系统可根据顾客需要,提供查询、换货或退货等多种服务,如果遇到不识读条形码等现象时,系统允许采用手工输入条形码号进行记录和查询。三是打印功能。POS 收银机上的小型打印机可打印出各种收银报表、读账、清账和时段部门账。四是传递功能。连锁总部的中央电脑可利用通信联网系统向各门店输送管理指令以及商品价格变动、商品配送等信息。五是统计功能。中央电脑可统计分析出每个门店的营业信息,产生连锁总部各部门所需要的管理信息和数据,作为总部决策的依据。六是收银功能。POS 系统能迅速而准确地完成前台收银的工作,支持现金、支票、信用卡等不同的付款方式,记录会员的消费情况,自动统计会员的积分。

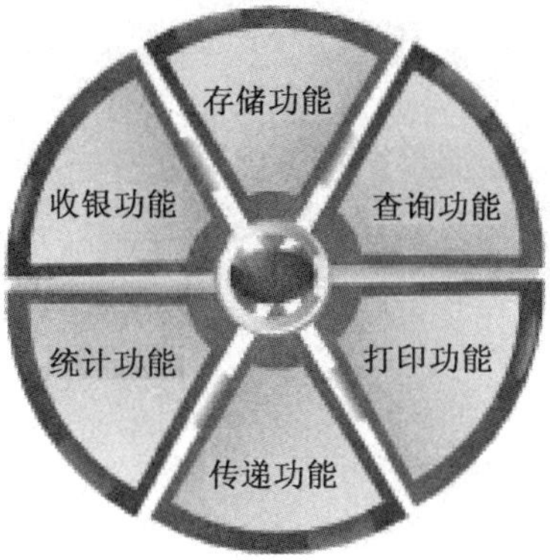

图 6—7　POS 系统作业功能

(2)POS 系统的管理功能

POS 系统可分类对商品信息进行管理,也可对门店运营信息进行不同期的比较与分析。基本管理功能(见图 6—8)主要体现在三个方面:一是商品信息管理方面,能迅速地提供准确的商品销售信息,有助于调整商品结构,有计划地进行商品采购与配送,从而达到供销对接,减少商品库存量,扩大营业额,增强企业的经济效益;二是财务信息管理方面,财务人员能迅速、准确地获得有关财务数据,有利于更好地控制成本和费用,提高资金周转率等;三是人员信息管理方面,能迅速地提供准确的工作岗位人员信息,从而达到从业人员的合理配备,节省人工与管理费用。

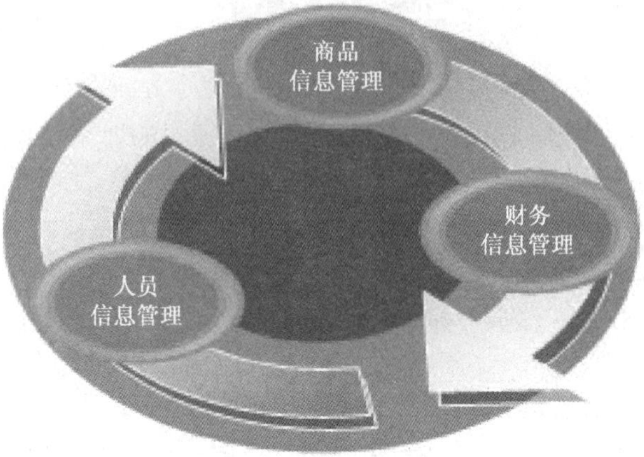

图 6—8　POS 系统的管理功能

(3)POS 系统的作业流程

通常,POS 系统的运行是在总部局域网中安装一个或多个后台进销存系统,通过各部门操作人员的数据录入和维护,将整个企业的商品进销存流程纳入良性的运转状态,在后台完成商品、客商、客户等信息维护,进货、存货和销货等业务管理,以提供给各门店准确的系统数据。各门店安装一台收银机监控系统,下设多个 POS 机,由收银机监控程序通过网络与总部服务器连接,负责接收总部系统数据,并收集下属 POS 机的销售数据,汇总成销售单后发送回总部服务器。

POS 系统的作业程序(见图 6—9)主要有六个步骤:一是粘贴条形码,将门店销售商品的条形码粘贴好,为 POS 系统的作业做好准备;二是扫描销售信息,收银员用扫描读数仪对顾客购买商品包装上的条形码进行扫描,读取相关信息;三是确认销售信息,通过店内的计算机确认商品的单价,计算销售总金额,并返回至收银机,打印出顾客购买的详细清单和付款总额;四是传输销售信息,门店将清单上的信息通过在线连接传送到总部;五是分析与处理信息,总部、配送中心与门店对销售时点信息进行分析,掌握畅销商品和滞销商品的具体销售情况,并对商品订货、品种配置、商品陈列、配送管理和库存等方面进行作业调整;六是向供应商输出信息,将销售时点信息即时传送给供应商,作为供应商制订经营计划的参考依据。

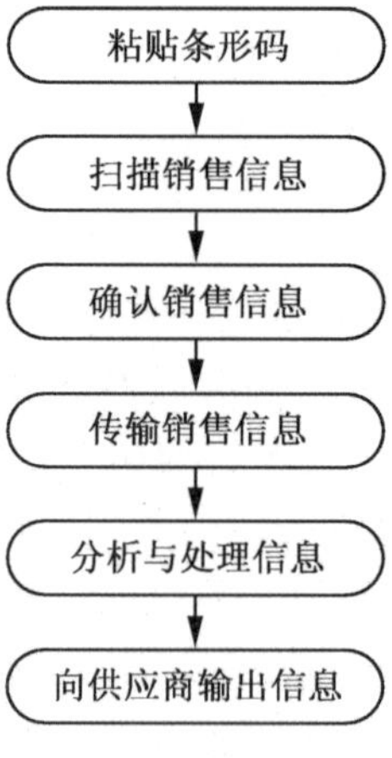

图 6—9　POS 系统的作业程序

五、企业管理信息系统

企业管理信息系统(Management Information System,MIS),是指在连锁经营企业内部以数据信息为轴心,对人、财、物实施的全面管理信息系统。企业管理信息系统包括总部管理信息系统与后台管理系统,后台管理系统主要对商品进货、商品销售、商品库存、基本资料和财务进行全面管理,并提供完善的数据统计和分析处理功能,为企业提供决策的基本依据。企业管理信息系统有以下五个子系统:

1. 商品进货管理系统

商品进货是指连锁经营企业用于销售而采购商品的商业活动,是企业经营过程的起点。商品进货管理系统的主要功能有:

(1)新品登录

首次采购进店的商品需进行登录,录入其基本资料,如编码、名称、规格、型号、数量、税率、分类码、进价、核定销售价格等,以便将有关信息传送给 POS 机,否则无法在收银机上销售。

(2)进货信息的输入及修改、查询、删除

该功能主要包括进货信息编号、供应商编号、供应商名称、商品代码、商品名称、商品规格、批次、计量单位、商品数量、进货单价、进货日期、进货人、验货人、生产日期、保质期等。

(3)商品流向跟踪

以商品流转的进、销、存、调、退、批各环节为主轴,跟踪商品流向,对各类数据进行分析与统计,实时掌握销售和库存情况,以及进、出、退、批、销各类单据,并实现对赠品单独管理。通过对供应商、商品等基本信息的搜集与整理,建立贸易伙伴以及经营商品的档案,为采购人员快速而准确地完成采购、补货作业提供依据,避免了不合理库存。

2. 商品销售管理系统

商品销售管理系统的主要功能如下:

(1)销售信息管理功能

其可录入、修改、查询和删除销售信息,包括销售信息的编号、顾客编号、顾客名称、商品编号、商品名称、商品规格、计量单位、商品数量、商品单价、销货日期等。

(2)销售信息统计分析功能

提供各类销售统计报表、畅销与滞销商品的排行分析,并依据历史销售情况做出相关经营、销售分析与统计,为商品的进、销、存等管理提供可靠的决策依据。

3. 商品库存管理系统

商品库存管理系统主要包括物品的入库、出库、盘点、库存账、报盈与报亏、打印入/出库单以及各种查询、统计等功能。其可随时提供库存相关信息，为科学管理提供了依据，从而避免库存的积压，促进资金的周转。

4. 基本资料管理系统

基本资料管理系统的主要功能如下：

(1)商品资料管理

其主要包括商品的调拨，应对调拨商品的编号、名称、规格、数量、核算单价、金额等信息进行记录，并包括商品进货调整信息的处理，商品基本属性的处理，单价和批价、调价，搞活动商品和商品进货的选择，商品的损益管理以及对商品进销存的分析、统计和决策等。

(2)员工资料管理

其包括员工基本属性处理以及人事派遣等。

(3)客户管理

其主要包括顾客信息的录入、修改、查询、删除等功能，如顾客编号、公司名称、联系人的详细信息、会员汇总统计、会员消费总额、会员消费优惠控制等内容。

(4)供应商管理

其主要包括供货商基本信息处理等功能，如供应商信息的输入、修改、查询、删除等内容。

5. 财务管理系统

财务管理系统主要是对进货、营销资金、员工工资等进行管理，包括应收应付账、经营财务信息、财务结算信息等财务管理。

六、电子订货系统

电子订货系统(Electronic Ordering System，EOS)，是指企业间利用通信网络和终端设备，以在线连接方式，进行订货作业和订货信息交换的系统。EOS系统除了适用于订货管理之外，还可兼顾盘点管理。

1. EOS系统的基本构件

(1)价格卡(含商品条形码)

EOS系统是以扫描的方式将欲订货的商品条形码输入掌上型终端机，再输入订货数量，来完成一种商品的订货工作。在订货作业中，商品的条形码不一定要求贴在商品上，只要扫描商品价格卡上的商品条形码，就可完成订货作业。

(2)掌上型终端机

掌上型终端机的功能是将所需订货的商品条形码及订货数量，以扫描和输入的方式储存在掌上型终端机的记忆体中，待订货作业结束，再将掌上型终端机与后台电脑连接，把储存在记忆体中的订货资料存入电脑主机。掌上型终端机具有电脑储存、处理和运算等功能。

(3)数据机

数据机是连接订货地和发货地两地电脑的主要通信装置。输入电脑内的订货资料要通过数据机才能输送给供应商或配送中心，它可将电脑内的订货数位化资料转换成线性脉冲资料，通过专用线或拨接方式，传递给对方的数据机，再还原成数位信号，进入电脑产生出发货资料。

2. EOS系统的功能

EOS系统的主要功能如下：

(1)订货管理

订货是连锁经营管理的起点，订货质量的好坏、成本的多少、效率的高低直接关系到连锁经营的效益。电子订货系统在连锁门店、配送中心、连锁总部和供应商之间建起了一条信息高速通道，使各方能及时沟通，不仅提高了订货效率，使订货周期大大缩短，保证商品及时供应，而且减少了订货差错，提高了订货质量，降低了成本，有利于实现规范化、电子化、标准化。

(2)盘点管理

盘点是连锁企业加强商品管理的重要手段，由于连锁企业所经营的商品品种成千上万，采用电子订货系统可迅速准确地做好盘点工作，将连锁企业营业场所和库存商品降到最低限度，为连锁企业的科学管理奠定好基础。

3. EOS系统的作业流程

(1)EOS订货流程

首先，订货人员进行订货作业时，需先到卖场查看商品的销售状况，确认订货后方可进行订货作业；其次，订货人员确认订货需求后，可在订货簿上计入订货量，再持掌上型终端机登录、储存订货资讯，或手持掌上型终端机，直接到卖场，扫描所需进货的商品价格卡，以登录商品条形码及数量；复次，订货人员将储存在掌上型终端机的订货资讯输入电脑，再由电脑通过数据机，把订货资讯传至总部电脑；最后，连锁总部的电脑汇总各门店的订单后，以数据机将汇总订货资讯传至供货商的电脑，或自动传给供货厂商的传真机，或交给供货厂商的业务人员带回，或派人直接送出。

(2)盘点流程

首先，盘点人员手持掌上型终端机到仓库及卖场，逐一扫描货架标签卡或商品上的条形码，再输入清点的商品数量；其次，把所有商品存货数量清点、输入完毕之后，再将掌上型终端机连接到店内电脑上，并进行统计与分析，以便传输盘点资料；最后，通过数据机把盘点资讯传至总部电脑，总部电脑经过汇总、运算之后产生盘点统计表、盘盈(亏)表及其他管理报表。

七、战略信息系统

1. 战略信息系统的含义

战略信息系统(Strategic Information System，SIS)是一种支持企业赢得或保持竞争优势，制定企业中长期战略规划的信息系统。其由信息系统与战略两部分构成：前者可以是管理信息系统(MIS)、办公自动化系统(OA)、决策支持系统(DSS)、事务处理系统(TPS)，也可是企业资源计划系统(ERP)、供应链管理系统(SCM)、客户关系管理系统(CRM)等各种形式；后者是指信息系统的功能与作用是战略性的，支持企业的竞争战略，为企业带来竞争优势，能够与企业经营战略形成协同效应。

2. 战略信息系统的特点

(1)支持公司的经营战略

战略信息系统是信息技术的战略应用，将信息技术与公司的经营战略结合在一起，直接辅助经营战略的实现，或为经营战略的实施提供新的方案。例如，美国城市银行为实施“改善客户服务，降低业务成本”的经营战略，于 20 世纪 80 年代率先建立自动提款机(ATM)网络系统，不仅能为顾客提供 24 小时便利、快捷的服务，还减少银行分支机构和出纳员的数量，降低了业务成本，实现了企业的经营战略目标。

(2)改变了企业经营与运作方式

战略系统的实施会引起企业业务流程的再造、人员的精简和组织机构的重组，并对企业管理人员的工作方式和决策手段产生较大的变革。这些改变不仅能降低经营成本，缩短生产周期，减少库存数量，有效提高企业的经济效益，还能改善服务质量，提升企业的综合竞争实力。

(3)改变了行业的生产、服务、经营、管理过程和行业结构

当某个企业基于战略目标建立和应用某一信息系统并取得巨大成功时，其示范效应必然影响整个行业，从而改变了该行业的生产、服务、经营、管理过程和行业结构。美国城市银行的 ATM 网络系统的成功范例，迫使其他企业进行仿造，从而促进行业在各方面的变革。

体验活动

一、活动背景

根据自愿组合的原则，由 5 名学生组成一个学习活动小组，每个小组成员分工

协作，选择本地区一家连锁便利店，实地调研该门店的信息管理系统。

二、活动要求

根据连锁企业信息管理系统架构的有关知识，请按照对该门店的调研信息填写下列内容。

企业名称 （门店名称）		
信息管理系统名称		
信息管理系统设备	1. 名称	2. 名称
	3. 名称	4. 名称
	5. 名称	6. 名称

活动评价

团队成员活动测评表

测评内容	评判标准	总分	自评分
企业名称/门店名称	不填，扣 10 分；错 1 个，扣 5 分	10	
信息管理系统名称	不填，扣 10 分；填错，扣 6 分	10	
信息管理系统设备	不填，扣 80 分；错 1 个，扣 10 分	80	
合　计		100	

团队活动测评表

测评内容	评判标准	总分	团队自评分
团队合作完成质量	较好达到目标	20	
	基本达到目标	15	
	未完成目标	15	
团队协作精神情况	互助精神较好	20	
	互助精神一般	15	
	互助精神较差	15	
合　计		100	

学习情境三　连锁企业商业模式

商业模式是人们在从事商业经营活动中，以发现和挖掘客户价值为目标，优化交易结构，通过相应平台提升交易效率所采用的方式，是介于企业与市场之间的组织形式。随着全球经济一体化、计算机技术、信息与移动网络技术的不断发展，使得商业模式创新成为可能，从传统单一的企业经营管理转变为协同的连锁经营管理商业模式，从线下的连锁经营发展到线上的 B2C 等虚拟的商务模式，进而演变成虚实一体化的 O2O 商业模式。

学习指南

一、连锁经营现代商业模式

连锁经营是一种商业组织形式和经营方式，运用了现代化大生产的原理，以一定的形式组成一个联合体，在整体规划下进行专业化分工，并在分工基础上实施集中化管理，把独立的经营活动组合成整体的规模经营，从而提高企业的工作效率，达到规模效应的目的。

1. 连锁经营的基本特征

连锁经营作为一种先进的现代商业模式具有五大基本特征：一是企业组织联合化，将独立的单体门店组成一个联合体，在总部领导下统一从事经营活动；二是企业形象标准化，各连锁门店在市场定位、企业文化、服务标识、人员着装等企业形象方面实行统一的标准；三是经营活动专业化，各连锁门店以固有的经营品牌为主体，向消费者提供一站式或个性化服务；四是商品或服务价格统一化，各连锁门店经营的商品价格、服务价格等收费项目实行统一的收费标准；五是管理手段现代化，各连锁门店与总部通过 MIS、POS、EOS 等系统实行信息化网络管理，共享网络资源。

2. 连锁经营行业发展阶段

我国连锁经营行业经历了以下三个发展阶段：

(1)初期阶段(1990.12—1999.12)

随着我国对外改革开放的逐渐深入，一些商业企业学习美国等发达国家的连锁经营管理模式，1990 年 12 月第一家连锁企业美佳超市在广东开业，1991 年 9 月上海联华连锁超市诞生，1992 年 1 月北京希福连锁企业开业，其他行业在政府的推动下也先后采取了连锁经营模式。与此同时，肯德基等外资连锁集团也纷纷入驻中国，开启了我国零售业连锁经营管理的新篇章。

(2)成熟阶段(2000.1—2010.12)

初期由于中外资金汹涌而入，我国零售业连锁企业发展获得了资金的支持，出现了“跑马圈地”的现象，连锁企业规模迅速扩张，市场占有率逐步扩大，对传统的单店商业模式给予了巨大冲击。从中国连锁经营协会每年发布的中国零售业百强商品销售总额数据(见图6—10)可以显见，2000年度至2004年度百强企业商品销售总额增长势头迅猛，2005年度起增速呈现放缓趋势，2010年度重返20%以上增速。

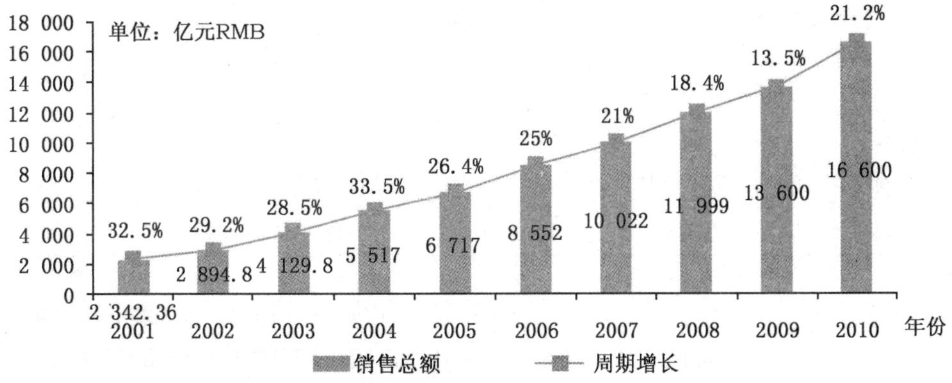

图6—10　2000—2010年中国零售百强企业商品销售总额趋势

(3)调整阶段(2011.1—2014.12)

据中国连锁经营协会发布的中国零售业百强商品销售总额数据显示，2011年度为2.01万亿元，2012年为1.87万亿元，2013年度为2.04万亿元，同比增长速度分别为20.9%、10.8%和9.9%。由此显见，百强企业销售规模扩张的速度明显放缓，而回落的幅度逐渐缩小，说明中国连锁行业进入了调整阶段。究其原因，主要有两个方面，一是百强企业的房租和人工成本连续上涨，每年房租支出递增11%，人工成本递增18%，成本上升迫使企业开店放缓，甚至百强企业中有21家店铺总数出现负增长；二是以淘宝、京东、当当为首的电商的挤压，以“团购”“秒杀”等促销方式进行价格竞争，抢占市场份额。面临着市场严峻的态势，连锁企业必须转变经营理念，寻求新的商业模式，在激烈的市场竞争中寻找生存与发展的空间。

二、B2C现代商业模式

B2C是企业通过互联网为消费者提供一个虚拟的网上商店这样一个购物环境，消费者通过网络完成购物、支付，并且通过物流配送系统获取产品或服务的经营模式。B2C 模式最大的特点是商品的交易或服务的提供完全通过网络进行，从网上挑选商品或选择服务，到支付、安排配送或服务，都是以网络为媒介完成的，企业和消费者之间不进行面对面的交易。这种虚拟的经营方式比连锁经营现代商业模式存在着七个方面的优势(见表 6－1)。

表 6－1　　B2C 与连锁经营现代商业模式优势比较

项目	连锁经营管理现代商业模式	B2C 现代商业模式
便捷性	受区域和营业时间的限制	不受区域限制，365 天 24 小时服务
展现性	商品的量少	商品的量多
流通性	商品流通性慢	商品流通性快
宣传性	小广告、报纸等媒体，受益面窄	网络广告，受益面宽
即时性	小广告、报纸等媒体商品信息更替迟缓	网络广告商品信息更替及时
互动性	顾客反馈单一性	顾客反馈多元性
盈利性	人力、物力成本增多	人力、物力成本相对减少

B2C 现代商业模式的核心就是把线下实体店的销售或服务信息推广给互联网用户，通过便捷的方式和打折等手段，把实体店的消费群吸引到网上商店进行消费，不仅为企业创造了巨大的商机，抢占了市场的巨大交易份额，同时也降低了经营成本、提高了经济效益，并吸引了更多的实体企业纷纷加入电商的行列。从中国连锁经营协会每年发布的中国零售业百强商品销售的资料来看，2010 年百强企业中有 20 家开展网络零售业务，2011 年增至 41 家，增长了 105％，2012 年增至 62 家，比 2010 年增长了 210％。根据艾媒咨询发布的信息，2012 年网购市场中 B2C 交易额达到 3 869.9 亿元。

由于 B2C 的交易是在虚拟空间进行的，必然会导致四种现象的产生：一是顾客对货物的品质、款式、规格、颜色等商品要素往往缺乏直观的感觉，因而容易对配送到达的货物进行质疑，导致退货率不断上升，增加了电商和供应商的经营成本与风险；二是商品的交付时间较长，难以保证用户的及时需求；三是顾客没有现场的购物体验，不能满足部分顾客的消费心理；四是中老年顾客通常对触网操作比较困难，这部分顾客难以成为电商的消费群体。上述这些局限性在一定程度上影响了 B2C 现代商业模式的发展，也为新的现代商业模式诞生孕育了新机。从中国连锁经营协会发布的中国零售业百强商品销售的数据可以显见，2012 年百强企业中有 62 家开展网络零售业务，2013 年仅增加了 5 家，2012 年线上销售额占企业总销售额的比例比 2013 年只提升了 8％。

三、O2O 现代商业模式

O2O 经营方式是企业通过在线的营销、宣传、推广吸引消费者，消费者在线支付后可在线下实体店享用购物或接受服务的消费体验，完成交易。O2O 现代商业模式把信息流和资金流放在线上，把物流和商流放在线下，实现了信息和实物之间、线上和线下之间、实体店与实体店之间的无缝衔接，顾客与商家更具有交互性，是一个全新的、共赢的商业模式。

B2C 模式与 O2O 模式的区别主要表现为以下五个方面(见表 6—2)。

表 6—2　　B2C 与 O2O 现代商业模式的主要区别

比较项目	B2C 现代商业模式	O2O 现代商业模式
经营方式	线上发布广告、支付，完成交易后配送	线上发布广告，完成支付，线下进行消费体验
在线信息	商品描述信息为主，促销信息为辅	促销信息为主，商品描述信息为辅
服务领域	互联网市场为主，领域宽	本地化服务为主，领域窄
经营载体	虚拟网店	虚拟与实体店相结合
用户体验	无现场购物体验	实体店购物或服务体验

两者的服务对象不同。B2C 模式，从客户对象来分析，它的客户对象是互联网中的消费者，即个人；从商家层面来看，B2C 模式中企业与商家可以是合作关系，也可以是竞争对手。O2O 模式，从客户对象来分析，它的客户对象涵盖了 B2B 和 B2C 模式的所有客户，即企业和个人；从商家层面来看，O2O 模式中运营商与商家永远都是合作关系或者将会是合作关系，几乎不存在竞争。

体验活动

一、活动背景

根据自愿组合的原则，由 5 名学生组成一个学习活动小组，每个小组成员分工协作，上网查阅本地区连锁企业 O2O 体验店的设置概况。

二、活动要求

根据连锁企业商业模式的有关知识，请按照对 O2O 体验店设置的调研信息填写下列内容。

行业类别	企业名称	O2O 体验店名称	简要模式

活动评价

团队成员活动测评表

测评内容	评判标准	总分	自评分
行业类别	不填,扣 15 分;缺 1 个,扣 3 分	15	
企业名称	不填,扣 15 分;缺 1 个,扣 3 分	15	
O2O 体验店名称	不填,扣 15 分;缺 1 个,扣 3 分	15	
O2O 体验店描述	不填,扣 55 分;缺 1 个,扣 10 分	55	
合　计		100	

团队活动测评表

测评内容	评判标准	总分	团队自评分
团队合作完成质量	较好达到目标	20	
	基本达到目标	15	
	未完成目标	15	
团队协作精神情况	互助精神较好	20	
	互助精神一般	15	
	互助精神较差	15	
合　计		100	

知识与技能测试

一、单项选择题

1. 总部信息管理系统可分成（　　）、总部商品信息管理系统和决策信息系统三大部分。

A. 电子订货系统　　B. 库存管理系统

C. 进货管理系统　　D. 综合查询系统

2. 连锁门店信息管理系统是由前台（　　）系统和后台（　　）管理系统构成。

A. SIS　　B. POS　　C. MIS　　D. BOS

3. 销售时点信息管理系统(POS)是指利用（　　）技术和自动读取设备，通过前台收银机采集有关商品号、件数、交易时刻等信息，传送给后台联网的计算机进行处理、加工和传送的系统。

A. 数据处理　　B. 条形码　　C. 货位管理　　D. PIN 码

4. 商品条形码的代码是按照国际物品编码协会(EAN)统一规定的规则编制的，由（　　）位阿拉伯数字组成。

A. 10　　B. 11　　C. 12　　D. 13

5. 以下不属于商品条形码中的数字是（　　）。

A. 商品代码　　B. 厂商代码　　C. 校验码　　D. 年号码

6. 以下不属于 POS 系统的作业程序是（　　）。

A. 收集销售信息　　B. 粘贴条形码

C. 扫描销售信息　　D. 信息传输和处理

7. 电子订货系统是以扫描的方式将欲订货的商品条形码及订货数量输入（　　），来完成一种商品的订货工作。

A. 掌上型终端机　　B. 数据机　　C. 条形码阅读机　　D. 扫描器

8. 20 世纪 80 年代（　　）为实施“改善客户服务，降低业务成本”的经营战略，率先建立自动提款机(ATM)网络系统。

A. 中国工商银行　　B. 花旗银行　　C. 美国城市银行　　D. 汇丰银行

二、多项选择题

1. 国际物品编码协会(EAN)分配给我国的代码是（　　），用于商品条形码的前缀码。

A. 590　　B. 591　　C. 690　　D. 691

E. 692

2. 连锁经营信息是伴随连锁经营管理活动同时发生的，贯穿于商流、物流、资金流等过程中，对信息质量有着很高的要求。具体要求有（　　）。

A. 全面适量　　B. 全面大量　　C. 及时　　D. 科学畅通

E. 准确

3. 企业管理信息系统(MIS)，是指在连锁经营企业内部以数据信息为轴心，对人、财、物实施的全面管理信息系统，由（　　）构成。

A. 进货管理系统　B. 库存管理系统　C. 销售管理系统　D. 财务管理系统

E. 基本资料管理系统

4. 商品条形码应用于 POS 系统，其主要作用有(　　)。

A. 输入速度快　B. 采集信息量大　C. 购置成本低　D. 灵活实用

E. 准确度高

5. 目前 POS 收银机的扫描器有(　　)三种类型。其中，(　　)价格便宜，扫描感应较差；(　　)价格较贵，扫描感应效果好。

A. 光笔扫描器　B. 手握式扫描器

C. 镭射扫描器　D. 机械式扫描器

E. 固定式扫描器

6. 企业管理信息系统中的基本资料管理系统的主要功能是(　　)。

A. 商品资料管理　B. 员工资料管理

C. 客户管理　D. 门店财务管理

E. 供应商管理

7. POS 系统的管理功能体现在(　　)。

A. 分类对商品信息进行管理　B. 对门店运营信息进行不同期的比较与分析

C. 能迅速准确地获得有关财务数据　D. 能迅速地提供准确的工作岗位人员信息

E. 能迅速地提供准确的商品销售信息

三、判断题

1. 连锁经营信息是指与连锁经营企业中经营管理活动相关的各种情报。(　　)

2. 销售者首先采用商品条形码，在没有商品条形码的情况下可以用店内条形码。(　　)

3. 商品条形码是指在商品包装上由一组按规则排放的条、空及对应字符组成，并且每一组条、空与对应的一组阿拉伯数字所表示的信息是相同的。(　　)

4. 当 POS 系统遇到不识读条形码等现象时，不可采用手工输入条形码号进行记录。(　　)

5. 掌上型终端机具有处理和运算等功能，但不具备储存功能。(　　)

6. 电子订货系统不仅可以具备订货功能，还可迅速准确地对连锁企业所经营的成千上万种商品做好盘点工作。(　　)

7. 连锁经营企业管理信息系统能实现在总部、各门店、配货中心以及顾客与银行之间的物流、商流、资金流和信息流的对接。(　　)

8. 连锁门店信息管理系统是指前台的 POS 系统。(　　)

四、简答题

1. 简述连锁经营企业信息管理系统的含义及其特征。

2. 简述连锁经营企业总部信息管理系统的架构。

3. 简述 POS 系统的主要功能。

项目七　涉入管理
——连锁经营企业财务与人力资源管理

学习目标

- 了解连锁经营企业资金管理的基本要求
- 熟悉连锁经营企业成本管理的基本内容
- 明确连锁经营企业人力资源管理工作的基本作用
- 掌握连锁经营企业人力资源管理工作的基本内容

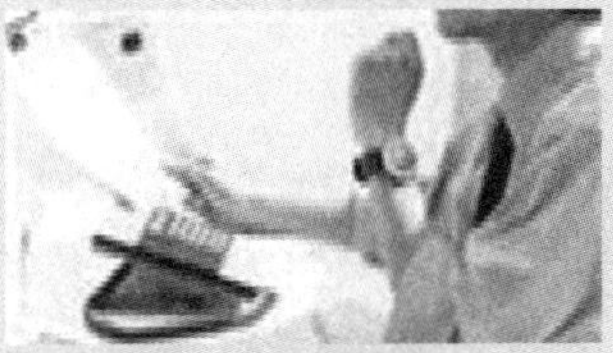

项目背景

财务管理与人力资源管理是连锁经营企业的管理核心。在连锁经营企业的运营中，财务管理的好坏直接影响着企业的成本和经济效益。在现代激烈的市场竞争中，抓好人力资源的管理，培养一支高素质的员工队伍是连锁经营企业取得经营成功的关键。

周学海同学在生活中发现有的超市或便利店关闭了，或者被其他店铺取而代之，这种现象与财务、人力资源管理有什么关系？带着这些问题，他进入了本项目的学习。

学习情境一　连锁经营企业财务管理

财务管理是连锁经营企业管理的核心之一，其包括资金管理、流动资产管理、成本管理等内容，在连锁经营企业的运营中，直接影响着企业的成本和经济效益。

学习指南

一、连锁经营企业资金管理

1. 资金的筹集

连锁经营企业开展一系列的经营活动，需要一定资金的支撑，可通过吸收货币资金、实物和无形资产或发行股票等方式来筹集资金。主要渠道如下：

(1)国家财政资金

现在多种所有制共存的国有参股、控股连锁企业中，其资本部分还有历史上所形成的国家财政资金，国家是这些连锁企业的所有者或所有者之一。

(2)银行信贷资金

银行信贷资金是指我国金融机构为各类企业提供的资金，其中商业性银行为各类企业提供商业性贷款，政策性银行为特定企业提供政策性贷款。

(3)非银行金融机构资金

非银行金融机构资金是指信托投资公司、保险公司、租赁公司、证券公司等非银行金融机构，通过一定的途径或方式为连锁企业提供部分资金或为企业筹资提供服务。

(4)其他法人单位资金

其他法人单位资金是指连锁经营企业通过与其他单位联营、入股、合资、合作等形式吸收的资金，包括连锁企业在购销业务中因形成债权债务而造成的债务人对债权人的短期资金占用。

(5)民间资金

民间资金是指连锁经营企业通过发行股票、债券等方式，吸收企业职工和城乡居民个人手中的结余资金。

(6)企业自留资金

企业自留资金是指连锁经营企业通过提取的公积金、未分配利润、计提折旧费等各种途径和形式积累的、属于企业自有的资金。

(7)境外资金

境外资金是指吸引外国投资者和我国港、澳、台地区投资者在连锁行业所投入的资金。

连锁经营企业在开展一系列筹集资金的过程中应考虑两大因素：一是经济性因素，主要包括筹资规模、筹资来源及成本、筹资风险、投资项目及其收益能力、资本结构等；二是非经济性因素，主要涉及筹资工作效率、筹资的使用约束、筹资的社会影响、筹资对连锁经营企业控制权的影响和与筹资相关的法规等。

2. 资金管理的要求

资金管理的具体要求有以下三个方面：

(1)提高资金的运营效率

提高资金的运营效率可以从四个方面着手：一是确实管理好现金和银行存款，要编制每一期间现金剩余与不足的情况，编制现金预算，规划未来的现金流入量和流出量；二是协调好信贷关系，保证商品流转资金的取得；三是控制合理库存，扩大销售，增加资金周转次数；四是保持收支平衡，研究筹措资金、延长支票和赊购支付期限的对策。

(2)采取科学化管理

积极引进现代预算管理、成本核算和投入产出分析制度，加强投资决策和投资项目的管理，建立投资责任制，提高投资回报率。在内部资金运转过程中，要严格执行各项结算制度，完善企业内部审计制度，形成有效的监督机制。

(3)加强资金集中收付管理

加强资金集中收付管理，对门店实施统一开户、统一结算、统一管理、统一调度。具体工作内容包括四个方面：一是总部对资金实行统一支配，各门店资金由总部统一调剂使用，门店采购鲜活商品和其他保管期短的商品，提前向总部申请备用金，经同意后由总部直接调拨到门店的备用金账户，其他在本地采购的货款和费用由独立核算地财务部在网上银行划拨，门店的营业款在没有非常特殊的情况下，必须按时存入指定的收款账户，未经总部同意，不能动用银行存款；二是建立不同层次的货款结算制度，根据本企业与供应商的实际情况设计一套合理的结算制度，保证在约定时间内支付货款；三是建立内部网上银行制度，由各门店在内部网上银行提交付款单据，在网上银行进行支付，可节约大量的汇款手续费。四是总部做好对资金理财业务的管理。总部每日通过销售系统及网上银行了解门店资金情况，采用主动收款方式，将各门店账户中多余的资金实时划回总部，这样总部就有一笔可观的流动资金在总部账户里周转，通过银行理财专家设计的理财业务进行组合。

3. 资金预算和核算的管理

(1)资金预算管理

资金预算管理是指将连锁经营企业的一切经营活动全部纳入预算管理范围。

具体做法是：每年年末，在对当年财务预算执行情况进行全面分析的基础上，会同有关部门和门店对下一年的企业目标进行研究，结合经营计划，编制财务预算。预算的主要内容包括销售预算、存货预算、进货预算、成本预算、费用预算、利润预算。

(2)资金核算管理

资金核算管理主要包括进货核算、销售核算、成本核算和存货核算。进货核算是每天接收业务部门转来的商品进货单、退货单、进价调整单，查对供应商的送货单、退货单，核对各级人员的签字情况，确认进货数据，按统一的会计科目和会计分录做记录，登记总账、明细账、辅助账三级账。销售核算是通过采集销售数据，每日按门店汇总后生成销售日报，财务核算员核对应收金额是否与门店结算金额相符。如果相符，则登记入账；如果不符，则按应收金额入账，并对其进行跟踪处理。成本核算是每日进行销售成本的核计，按先进先出的原则匹配，在促销活动期间，可优先考虑促销批次，这种处理方法能较准确地反映成本和毛利数据。存货核算是提供单品存货明细账，详细记录单品的进、销、调、存、退、配、结等业务。不仅要提供进价金额，还要提供售价金额；不仅要提供含税数据，还要提供不含税数据及税额。

二、连锁经营企业流动资产管理

1. 连锁经营企业货币资金管理

连锁经营企业对货币资金进行管理的方法如下：

(1)岗位分工控制

建立货币资金业务的岗位责任制，明确相关部门和岗位的职责权限，出纳不得兼任稽核、会计档案保管和收入、支出、费用、债权、债务账目的登记工作。

(2)授权批准控制

明确审批人对货币资金业务的权限和责任，以及经办人办理货币资金业务的职责范围和工作要求，严格按照申请、审批、复核、支付的程序办理货币资金的支付业务。

(3)现金控制

明确现金开支的范围，实行现金库存限额管理制度，严禁擅自挪用、借出货币资金，定期盘点现金，做到账实相符，严格执行收支两条线的管理制度。

(4)银行存款控制

加强银行账户管理，按规定办理存款、取款结算，定期获取银行对账单，查实银行存款余额，编制银行存款余额调节表。

(5)票据控制

明确各种票据的购买、保管、领用、背书、注销等程序及要求，防止空白票据遗失和被盗用。

(6)印章控制

财务专用章应由专人保管，个人印章应由本人或其授权人员保管，严禁一人保管支付款项所需的全部印章，严格履行签字盖章手续，制定印章管理规定。

(7)监督检查

定期检查货币资金业务相关岗位及人员的设置情况、货币资金授权批准制度的执行情况、印章保管情况、票据保管情况、企业每日货币资金收支情况等内容。

2. 连锁经营企业存货管理

连锁经营企业存货管理主要在采购、入库储存、发货等环节上，建立相应的管理制度。

(1)采购业务管理

采购业务管理主要开展三个方面的工作：一是明确采购业务的责任部门，建立采购业务岗位责任制；二是明确采购工作任务和工作程序，销售部门提出要货计划，采购部门根据其编制采购计划，采购部门根据采购计划实施，如因市场原因需要修改采购计划，须经主管领导批准；三是明确采购工作的要求，建立询价制度，控制成本，采用合同等法律形式，明确连锁经营企业与供应商的权利与义务，确保企业的正常经营。

(2)入库储存管理

所采购的货物必须经检验合格后方可入库，仓库保管员应依据入库单核对实物，确保商品的种类、规格和数量无误，并按规定的要求进行存储和出库。

3. 连锁经营企业销售收入管理

连锁经营企业销售收入管理主要体现在以下两个方面：

(1)建立实物负责制

总部对配送中心及门店的全部商品要设置商品管理台账，对门店自采的商品一般实行按商品大类或单品管理，建立实物负责制，实行定期盘点，以保证账实相符。

(2)监控商品销售收入

连锁经营企业的销售收入分散在各个门店，可通过电脑结算系统进行控制。对于独立核算方式的门店，监控其每日销售收入情况。对于非独立核算的门店，监控其每日销售收入情况和货币资金，要求各门店收银员填制现金缴款单，将当日销售收入存入总部在银行开立的销售收入专户，并编制销售日报表，连同现金缴款单等报总部总收款处。财务部可通过“网上银行”随时掌握、监控销售收入情况及各门店的存款情况。

三、连锁经营企业成本管理

连锁经营企业成本是指企业在经营活动中发生的与经营活动有关的支出，包括商品进价成本和为经营商品或提供劳务而发生的商品流通费用。

1. 连锁经营企业成本费用的管理

连锁企业成本费用是企业为销售商品或提供劳务等日常经营活动所发生的经济利益的流出。其可分为销售成本和期间费用，前者是指销售商品的进货价格，后者是指在一定会计期间发生的管理费用、营业费用和财务费用。连锁经营企业总部要建立成本费用控制体系，实行成本费用分级归口管理责任制，将成本费用分解为各项指标层层下达，对其实施考核，并与绩效挂钩，调动各部门和门店全体员工的积极性。

2. 连锁经营企业工资分配的管理

连锁经营企业应在现行政策法规的指导下，本着调动职工的积极性，结合连锁经营企业的实际情况，制定对职工工资、奖金的分配办法。

(1)管理工作人员工资的分配

对于总部管理人员与店长的工资，按职责确定基本工资，对于奖金额度，根据盈利情况具体确定，对部分岗位管理人员可实行津贴管理的办法。

(2)门店工作人员工资的分配

对于门店人员，由总部根据企业工资总额增长幅度低于本企业经济效益增长幅度、职工实际平均工资增长幅度低于本企业劳动生产率增长幅度的原则，区别不同门店客观条件的优劣，根据综合指标考核情况，制定企业内部的工资分配方案。实行提成工资制的门店，可按门店的销售额确定工资奖金提取比例，也可按门店实现的利税确定工资奖金提取比例。为了保证企业职工的基本收入，可由总部规定职工的月基本工资。

3. 连锁经营企业物流成本的控制

物流成本是指连锁经营企业物流系统为实现商品转移而发生的各项费用，包括订货费用、订货处理及资讯费用、运输费用、搬运装卸费、包装费、进出库费用、储存费用以及由于交货延误造成的缺货损失等。降低物流成本是连锁经营企业的“第四利润源泉”，因而在商品采购、储存、配送等环节上应控制好成本。

(1)采购成本的控制

采购成本的高低直接影响物流的总成本，应尽量减少商品在采购过程中的各项费用。主要措施有三个：一是发挥集中采购的规模优势。连锁经营企业要充分发挥自身集中采购、统一进货的优势，以规模数量为条件向供应商争取优惠价格，从而降低采购成本。二是确定合适的采购时间与数量，过早采购或采购数量过大，会增加库存量，提高库存费用；过晚采购或采购数量过小，会导致库存不足，影响企业的经营。三是建立一支稳定的供应商队伍，连锁经营企业需要一支稳定的、资信良好的供应商队伍，保障货源的渠道，保证采购商品的质量。

(2)存货成本控制

存货成本主要包括订货成本、购置成本、储存成本和缺货成本。订货成本是指为采购商品而进行信息收集并与供应商进行磋商所支付的费用;购置成本则是指购入商品本身的价值;储存成本是指存储商品的保存、加工、分拣、配货和有关设备折旧等费用,还包括存货占用资金所应计的利息、存货损耗等;缺货成本是指由于存货供应中断而造成丧失销售机会等间接损失。

控制存货成本,就是将库存费用与采购费用降到最低,有两种方法:一是定量订货控制法,即事先确定相对固定的经济订货批量和订货点,每当库存量降到订货点,则按预定的经济订货批量组织订货(订货点=日平均需求量×订货期);二是定期订货控制法,是指定期采购,采购批量为订货水准(订货后应达到的库存量)与盘存量之差。这种方法适用于销售量不稳定的商品,能预测较短时期内的需求量,根据盘存量来确定日订货数量,可以保持经营的灵活性,降低采购风险。

(3)配送成本控制

配送成本是指连锁经营企业配送中心在进行分货、配货、送货过程中所发生的各项费用总和,包括包装、运输、装卸费用及有关工作人员的工资等。控制配送成本的方法有四个:一是建立门店配送申报制度,各门店通过信息管理系统每天申请一次,对于鲜活商品,应定时、定量申请,对于普通商品,预测订货周期内的需求量,定期向配送中心订货;二是确定合理的配送路线,根据企业车辆现状、门店线路和送货时间等要素,采用科学方法确定合理的配送路线;三是进行合理的车辆配载,根据门店配送货物的特性、品种、数量、包装形态和储运性质,安排不同的车辆,充分利用车辆的有效容积,降低运输成本;四是实施配送信息化管理,在物流作业中,采用信息化管理手段,能提高拣货与配送的准确性和快捷性。

案例链接　　零售业成本控制之道

1. 应具备完善的制度建设

大润发对采购成本有严格的预算和控制要求。预算方面,以上一年度实际成本作为参考基础,并结合业绩的预算按相应比例设定;成本控制方面,全国商品的进价由全国总部负责,地方商品的进价由各个区域负责,商品进价由专门人员审核。生鲜商品实行一周一报价。大润发建立了严格的费用报销制度,包括费用报销审批流程、员工各项费用报销标准细则、福利费支出、内部采购报销制度、工会经费开支的报销制度与标准等,使各项费用都有制度可依。

2. 重视存货损耗管理

大润发在收货管理、存放管理、盘点管理、出货管理等方面都有详细的操作流程，如收货管理，就有文件审核、商品验收、商品复查、收货稽核、电脑输入、文件复查六个环节。在盘点管理中，又分为全店大盘和日常盘点两类，前者每年2—3次，后者重点是生鲜盘点(每月盘点2次)和易损耗盘点。

3. 改变经营管理模式

有的便利店企业开展多种形式的承包和加盟方式，如费用包干、员工内部加盟、管理人员加盟、区域加盟等形式；常客隆则建立了“店长持大股，员工持小股”的合伙人模式，在一定程度上调动了员工增收节支的积极性。

4. 重视税务筹划管理

税收支出是零售企业的一项重要支出。如家乐福提出“计划主上、预算为先、合理平衡”的税收工作思想，关注政府的预算变化，合法、合理利用政策空间，协调纳税节奏。

降低成本和费用的方式多种多样，直接的绝对成本控制和减少只是一个方面，更重要的是通过模式和流程改善，带来效率的提高和成本的下降。

体验活动

一、活动背景

根据自愿组合的原则，由5名学生组成一个学习活动小组，每个小组成员分工协作，上网查询相关报道，以及纸质票据和电子票据的法律效力。

二、活动要求

根据连锁企业财务管理的有关知识，请按照对纸质票据与电子票据的分析填写下列内容。

比较项目	企业财务票据	企业财务电子票据
概念		
法律效力		

活动评价

团队成员活动测评表

测评内容	评判标准	总分	自评分
企业财务纸质票据	不填,扣 30 分;不完善,扣 15 分;错,扣 25 分	30	
企业财务电子票据概念	不填,扣 30 分;不完善,扣 15 分;错,扣 25 分	30	
法律效力	不填,扣 40 分;不完善,扣 25 分;错,扣 35 分	40	
合　计		100	

团队活动测评表

测评内容	评判标准	总分	团队自评分
团队合作完成质量	较好达到目标	20	
	基本达到目标	15	
	未完成目标	15	
团队协作精神情况	互助精神较好	20	
	互助精神一般	15	
	互助精神较差	15	
合　计		100	

学习情境二　连锁经营企业人力资源管理

人力资源管理的基本任务就是根据企业发展战略的要求,对人力资源进行合理配置,搞好企业员工培训,开发人力资源,做到人尽其才,推动企业各项工作的开展,以确保企业战略目标的实现。连锁经营企业人力资源管理工作主要有制定人力资源规划、主持员工招聘工作、开发个性化培训方案、实施绩效管理、实施薪酬管理等方面的内容。

学习指南

一、企业人力资源规划

连锁经营企业人力资源规划是指人力资源管理部门根据连锁经营企业的发展战略和经营计划，评估企业的人力资源现状及发展趋势，收集和分析人力资源供给与需求方面的信息资料，利用科学方法预测人力资源供给与需求的发展趋势，制定人力资源招聘、调配、培训及发展计划等必要的政策和措施，以使人力资源的供求得到平衡，保证企业目标的实现。

连锁经营企业人力资源规划的内容主要有两个方面：

1. 总体规划

总体规划可分为战略性的长期规划（5 年）、策略性的中期规划（2—5 年）和作业性的短期计划（1—2 年）。

2. 人力资源各项计划

人力资源各项计划主要包括人员补充计划、人员使用计划、教育培训计划、薪资计划、劳动关系计划、退休解聘计划等，是总体规划的具体表现。

二、企业员工招聘

人力资源管理部门根据企业发展现状与人力资源规划开展招聘工作，通过招聘途径为企业提供所需的专业人才和辅助工作人员。

1. 员工招聘的原则

员工招聘主要有以下四项基本原则：

（1）因事择人原则

因事择人原则是指员工的选聘应以实际工作的需要和岗位的空缺情况为出发点，根据岗位对任职者的资格要求选用人员。

（2）公开、公平、公正原则

公开就是要公示招聘信息、招聘方法；公平、公正就是确保招聘制度给予合格应征者平等的获选机会，以吸引真正的优秀人才加盟本企业。

（3）竞争择优原则

竞争择优原则是指在员工招聘中引入竞争机制，在对应聘者综合素质进行全面考察的基础上，按照择优选拔的方法录用员工。

（4）效率优先原则

效率优先原则是指用尽可能低的招聘成本录用最佳人选。

2. 员工招聘的渠道

连锁经营企业在实际招聘工作过程中，人力资源部一般会按照招聘岗位的要求选择合适的渠道。具体途径如下：

(1)职业中介机构

职业中介机构既为企业推选人才，同时也为求职者推荐工作单位，针对性强、成功率较高，后续服务较好，使招聘企业感到放心。

(2)猎头公司

猎头公司是职业中介机构，专门招聘公司中高层职位、工作经验比较丰富、在管理或专业技能上有专长的中高级专门人才。这是因为企业的中高层岗位不宜进行公开招聘，会影响现职人员的工作积极性，而能胜任这些岗位的候选人也多已名花有主，薪水、地位相当有保障，即便有跳槽意向，也倾向于暗箱操作，所以猎头公司能在企业与个人需求之间找到商机。

(3)媒体广告

媒体广告包括报纸和电视等媒体广告，招募信息受众面广，也起到对企业形象的宣传作用，适用于招聘中基层和技术职位的员工。

(4)网上招聘

网上招聘包括中介机构和企业网上的招聘形式，其传播范围广、速度快、不受时空限制、受众时效强，成本较低，因而被广泛采用。

(5)校园招聘

校园招聘是在院校内设摊对毕业生进行招聘。校园招聘的特点是学历较高、工作经验少、可塑性强，适用于招聘专业职位或专项技术岗位人员。

(6)企业内部竞聘

企业内部竞聘是通过公开招聘职位、要求与条件，由员工自愿申请与竞聘。

三、开发个性化培训方案

人力资源管理部门根据连锁经营企业的发展规划和岗位的工作要求，结合不同员工的技术水平和素质差异开发针对性的培训方案，运用不同的训练手段，达到现任或将来工作岗位的要求，并将企业发展与员工职业生涯进行有机结合，从全方位的视角提高员工的综合职业素养，为企业的发展提供人力资源的保障。

1. 员工培训的类型

员工培训分为四种类型：一是根据培训内容，可将培训分为基本技能培训、专业知识培训和工作态度培训；二是根据培训对象，可分为新员工培训和在职员工培训；三是根据培训目的，可分为应急性培训和发展性培训；四是根据培训形式，可分为岗前培训、在职培训和脱产培训。

2. 员工培训的途径

连锁经营企业员工培训的主要途径有以下三种：

(1)内部导师指导

选择一批实践经验比较丰富的业务骨干担任导师，在一定时期内指导若干名新员工，帮助其尽快掌握在任岗位的基础知识和操作技能，主要适用于配送员、收银员和理货员等岗位培训。

(2)集中培训

根据市场变化和知识更新的需要，通过一定的时间进行专题培训，以适应连锁经营企业的发展要求。

(3)职称或职业资格培训

鼓励员工积极参加各类职称或职业资格培训和考试，提升员工专业知识水平和技能，改善员工的专业职称结构，促进员工队伍整体素质的提高。

四、实施绩效管理

人力资源管理部门通过绩效考核衡量其员工的工作绩效，作为薪级、晋升、解职等的依据。

1. 绩效管理的内容

连锁经营企业对员工绩效考核主要有以下四个方面；

(1)德

德是指思想政治、工作作风和职业道德水平。思想政治主要指员工的政治倾向、理想和志向以及价值取向等；工作作风是指员工在工作过程中的行为特征及表现的风格；职业道德是指员工在履行职务过程中所表现出来的道德倾向，以及对处理个人与企业之间关系的倾向。

(2)能

能是指员工从事工作的综合能力，包括技能、学识、智能、体能、情商等内容。

(3)勤

勤主要是指员工在工作中的表现，包括出勤情况、工作主动性与责任心等内容。

(4)绩

绩是指员工在工作中的效率与实际业绩，是员工德、能、勤的综合表现，具有量化的特点。

2. 绩效考核标准

连锁经营企业对员工的绩效考核标准主要有以下三个方面：

(1)岗位工作指导书

岗位工作指导书是由企业有关职能部门制定。其内容主要包括岗位职责、日常工作作业标准、工作流程、工作质量和工作纪律等，以此作为考评员工工作的基本依据。

(2)月度工作计划

月度工作计划内容包括工作事项、月进度目标、完成时间、实际完成情况等，重点检查每个员工的月度工作计划、目标任务的完成情况，以此作为对员工每月工作考评的重要依据。

(3)年度工作计划

年度工作计划详细规定全年工作应完成的各项任务指标，重点检查员工年度工作完成的情况和岗位职责履行情况，实质是月度工作计划的年终总结。

3. 绩效考核方法

连锁经营企业对员工的常用绩效考核方法有以下两种：

(1)简单排列法

简单排列法就是按员工整体表现综合比较，按优劣顺序依次排列。具体来说，将工作内容适当分解，分项按优劣顺序排列，再求出总平均次序数，作为绩效考评的最后结果。简单排列法的优点就是简单易行，花费时间少，但是当个人业绩相近时很难排序，也不能比较工作性质的差异，一般可以用作薪资、奖金发放的依据。

(2)目标管理法

目标管理法是由员工与主管根据企业的战略目标及部门目标共同协商制定的个人目标，其用作衡量员工工作绩效的依据。目标管理法的优点是易于观测，公正评价，增强员工的责任心和事业心，但是难以对员工和不同部门间的工作绩效作横向比较，不能为以后的晋升决策提供依据。

五、实施薪酬管理

薪酬是指员工从事企业所需要的劳动，而得到的以货币形式和非货币形式所表现的补偿，是企业支付给员工的劳动报酬。薪酬管理是指一个组织针对所有员工所提供的服务来确定他们应当得到的报酬总额以及报酬结构和报酬形式的一个过程。

1. 薪酬管理的内容

薪酬管理主要有以下五个方面的内容：

(1)薪酬的目标管理

薪酬的目标管理是指薪酬制度如何为企业战略服务，又该如何满足员工的需要。

(2)薪酬的水平管理

薪酬的水平管理是指薪酬要满足内部一致性和外部竞争性的要求，并根据员工绩效、能力特征和行为态度进行动态调整。

(3)薪酬的体系管理

薪酬的体系管理包括基础工资、绩效工资、期权期股的管理。

(4)薪酬的结构管理

薪酬的结构管理是指正确划分合理的薪级和薪酬，确定合理的级差和等差等。

(5)薪酬的制度管理

薪酬的制度管理包括由谁负责设计薪酬管理制度，薪酬决策应在多大程度上向所有员工公开和透明化，薪酬管理的预算、审计和控制体系如何建立等内容。

2. 薪酬的基本构成

连锁经营企业的薪酬主要由以下五大部分构成：

(1)基本工资

包括基础工资、岗位工资等，是以员工所在的部门与岗位，或所具备的技能等方面的差异为基准，根据劳动定额完成情况而计算的劳动报酬。

(2)绩效工资

绩效工资是指员工在完成定额任务的基础上，进一步付出超额劳动的报酬，即各类奖金。

(3)津贴

津贴是指员工在特殊劳动条件下工作时所付出的额外劳动消耗、额外生活费以及对员工生理或心理带来的损害进行的物质补偿，如夜间津贴等。

(4)福利

福利是指通过建立集体生活设施、提供劳务和实行补贴等方式，解决员工在物质与精神生活上的普遍需求和特殊困难而举办的公益事业，如员工个人生活困难补助等个人福利。

(5)保险及住房公积金

保险及住房公积金是指给予员工在暂时或永久丧失劳动能力以及虽有劳动能力但无劳动机会后的物质生活保障，主要包括养老保险、医疗保险、工伤保险、失业保险和生育保险。大部分保险基金都是由国家、企业和员工共同筹集的。住房公积金是给予员工住房保障所支出的报酬，主要在职工购买或装修住房时使用，是由企业和员工共同承担的。

由于市场的多变性和岗位复杂性，连锁企业在薪酬管理中往往不是采用某个单一的薪酬模式，而是根据市场变化和企业的需要，并结合各种薪酬模式的特点将上述模式有机地结合起来综合运用，以达到降低成本、提高效益的目的，从而促进企业在激烈的市场竞争中不断地发展。

6. 加强劳动关系管理

人力资源管理部门应根据有关法律法规加强对于从业人员与企业的劳动关系的管理,保证员工享受合理的工资报酬和福利。员工福利包括医疗保险、失业保险、带薪休假等内容。

案例链接　　人力资源管理之道

1. 满足员工的价值需求

当今员工对价值的理解是多元化的,其中自我价值的表现、是否受到尊重、愉悦的工作心情等成了除薪酬与职位外的重要价值因素。真正的人才除了在意自己付出劳动的报偿外,更在意企业是否给了他们一个舞台。给员工一个舞台,员工回报给企业的绝对是一台精彩的好戏。

2. 由监督、约束改为激励、信赖

通过实行股份制来调动员工主人翁精神,除资金入股外,还可以技术、劳动等方式参股。这种形式能让员工发挥出积极性,与企业共存亡。激励与信赖给员工带来的责任感与被信任感比管理者督促的效果更好。

3. 综合评估员工

传统绩效考核很可能使一些优秀的员工感到委屈而离开企业。用时间来换酬劳的员工不是好员工,用成果换取酬劳的才是企业发展依靠的关键员工。今天的管理要抛开过程与形式,以结果为导向,给员工更高的自由度。

4. 建设有效的文化

积极的管理文化可发挥正面作用。再好的管理方式如果不能从表面的规定与形式转化为一种思维与行为习惯,也都只能是为企业带来一时的助益,不能持久。

体验活动

一、活动背景

根据自愿组合的原则,由 5 名学生组成一个学习活动小组,每个小组成员分工协作,模拟连锁便利店招聘收银员的工作。

二、活动要求

根据连锁企业人力资源管理的有关知识，请将连锁便利店收银员招聘的具体信息填写在下列表格中。

连锁企业名称（门店名称）	招聘岗位要求	福利待遇	招聘人数

活动评价

团队成员活动测评表

测评内容	评判标准	总分	自评分
连锁企业名称/门店名称	不填，扣 10 分；缺 1 个，扣 5 分	10	
招聘岗位要求	不填，扣 60 分；缺 1 个，扣 10 分	60	
福利待遇	不填，扣 20 分；不全面，扣 10 分	20	
招聘人数	不填，扣 10 分；相关信息不全，扣 5 分	10	
合　计		100	

团队活动测评表

测评内容	评判标准	总分	团队自评分
团队合作完成质量	较好达到目标	20	
	基本达到目标	15	
	未完成目标	15	
团队协作精神情况	互助精神较好	20	
	互助精神一般	15	
	互助精神较差	15	
合　计		100	

知识与技能测试

一、单项选择题

1. 总体规划中的战略性长期规划通常为(　　)。

A. 5 年　　B. 8 年　　C. 3 年　　D. 10 年

2. 总体规划中的策略性的中期规划通常为(　　)。

A. 4 年　　B. 2 年　　C. 3 年　　D. 5 年

3. 连锁经营企业员工招聘原则中最主要的基本原则是(　　)。

A. 因事择人原则　　B. 公开、公平、公正原则

C. 竞争择优原则　　D. 效率优先原则

4. 连锁经营企业在实际招聘工作过程中,发布的招聘信息受众面最大的渠道是(　　)。

A. 职业中介机构　　B. 猎头公司　　C. 网上招聘　　D. 校园招聘

5. 连锁经营企业的"第四利润源泉"是指(　　)。

A. 降低采购成本　　B. 降低管理成本

C. 降低工资成本　　D. 降低物流成本

6. 关于企业自留资金的范围,以下错误的表述是(　　)。

A. 提取的公积金　　B. 未分配利润

C. 计提折旧费　　D. 保险费

7. 加强资金集中收付管理,对门店实施四个统一,以下错误的表述是(　　)。

A. 统一开户　　B. 统一结算　　C. 统一调度　　D. 统一利润

8. 财务专用章应由(　　)保管。

A. 专人　　B. 财务主管　　C. 企业经理　　D. 企业董事长

二、多项选择题

1. 连锁企业人力资源管理工作的内容主要有(　　)。

A. 主持员工招聘　　B. 开发个性化培训方案

C. 实施薪酬管理　　D. 实施绩效管理

2. 连锁经营企业对员工进行绩效考核的依据主要是(　　)。

A. 德　　B. 能　　C. 勤　　D. 绩

3. 连锁经营企业员工招聘的基本原则是(　　)。

A. 因事择人原则　　B. 公开、公平、公正原则

C. 竞争择优原则　　D. 效率优先原则

4. 连锁经营企业对员工绩效考核常用的方法是(　　)。

A. 简单排列法　　B. 目标管理法　　C. 群众评议法　　D. 投票管理法

5. 连锁经营企业的薪酬主要由(　　)构成。

A. 基本工资　　B. 绩效工资与津贴

C. 福利与保险　　　　　　　　　　D. 公积金

6. 连锁经营企业财务资金管理的具体要求是(　　)。

A. 提高资金运营效率　　　　　　　B. 采取科学化管理

C. 加强资金集中收付管理　　　　　D. 促进核算管理

7. 控制存货成本,其实质就是将(　　)降到最低。

A. 库存费用　　B. 采购费用　　C. 管理费用　　D. 核算费用

8. 控制配送成本的方法主要有(　　)。

A. 建立门店配送申报制度　　　　　B. 确定合理的配送路线

C. 进行合理的车辆配载　　　　　　D. 实施配送信息化管理

三、判断题

1. 人力资源管理的基本任务就是要做到人尽其才,推动企业各项工作的开展,以确保企业战略目标的实现。(　　)

2. 按照培训对象不同,可将员工培训分为新员工培训、基本技能培训、专业知识培训和工作态度培训。(　　)

3. 连锁经营企业员工培训可通过选择一批实践经验比较丰富的业务骨干担任导师,在一定时期内指导若干名新员工,帮助其尽快掌握在任岗位的基础知识和操作技能。(　　)

4. 连锁经营企业对员工常用目标管理法作为绩效考核方法,该方法公正评价,并且易于和不同部门间的工作绩效作横向比较,可为以后的晋升决策提供依据。(　　)

5. 大部分保险基金都是由国家、企业和员工共同筹集的。(　　)

6. 资金预算管理是指将连锁经营企业的一切经营活动全部纳入预算管理范围。(　　)

7. 资金核算管理主要包括进货核算、销售核算、成本核算。(　　)

8. 为了工作方便,可由一人保管支付款项所需的全部印章。(　　)

四、简答题

1. 简述连锁经营企业资金管理的具体要求。

2. 简述连锁经营企业对货币资金管理的方法。

3. 简述连锁经营企业员工招聘的原则与渠道。

项目八　步入职场
——连锁经营企业店员操作

学习目标

- 了解店员的基本职业素质
- 熟悉店员工作的基本流程
- 明确店员工作守则的主要作用
- 掌握店员工作的基本内容及主要方法

项目背景

店员是连锁经营企业门店中对消费者直接服务的工作人员，是门店与消费者沟通的直接桥梁。因此，店员必须以最好的形象和服务态度来对待每一位消费者，使其感到在门店消费是一次愉快的购物体验过程，从而产生再次到本店购物的欲望，提升门店的声誉。

周学海同学认识到店员是连锁经营企业中最基层的岗位，也是一个管理者成长的起点。带着这些认同感，他进入了本项目的学习。

学习情境一　连锁经营企业店员基本素质

店员是在门店内销售商品、管理商品、服务顾客的工作人员，是直接连接门店与消费者的桥梁。店员主要是指收银员、导购员和理货员，其基本职业素质主要包括商品的专业知识、商品促销技能、收银理货技能、仪容仪表知识、语言沟通技能等方面。

学习指南

一、商品基础知识与技能

商品基础知识主要包括商品的品牌、商标、质量、价格、成分、性能、造型、款式、颜色、花色、使用方法、保存方法等相关知识。店员只有具备了相关商品的基础知识，并将商品知识转为销售重点，为消费者介绍商品、推销商品，才能有效地促成商品交易的成功。

二、商品现场促销形式与技巧

超市、商场和便利店销售的同类商品很多，店员只有主动在现场对商品进行促销，采用不同的销售形式与技巧，才能在激烈的竞争中取胜。其具体形式如下：

1. 现场操作演示

现场操作演示是指将产品造型、性能、具体的制作方法、使用方法直观形象地展示给消费者看，以行为吸引顾客。该形式主要适用于电器等产品的销售，能让消费者直观地了解产品的特性，解除对商品的顾虑，激发购买的欲望。

2. 现场品尝食品

现场品尝食品是指在门店进行制作或直接将现成食品给消费者品尝，让消费者亲自感受到食品的滋味，刺激其购买该食品的欲望。该形式主要适用于食品与饮料销售，能让消费者直接感受到其口感和味道。

3. 现场试用商品

现场试用商品是指在现场直接将商品供消费者试用，让消费者亲自感受到商品的功能，刺激其购买该商品的欲望。该形式主要适用于化妆品等商品，能让消费者直接感受到其使用功效。

4. 现场试穿服装

现场试穿服装是指在门店允许消费者试穿，让消费者亲自感受到面料的质感、合身的程度和着装效果，刺激其购买该服装的欲望。该形式主要适用于服装和鞋等商品，能让消费者直接感受到效果。

5. 现场营造气氛

现场营造气氛的方式主要包括POP广告、音乐和多媒体广告等。POP广告是指在门店的入口、通道和有关商品处设置商品招牌、陈列商品以及散发传单等。音乐是指在销售柜台播放一些适宜的音乐，营造出良好的购物气氛。如在化妆品销售柜台播放轻柔舒缓的音乐，可使消费者心情愉悦，吸引消费者在此逗留或购物。多媒体广告是指在销售柜台旁播放电视广告、动画广告等宣传片段，以吸引顾客的注意力。

现场演示或播放要设在人流量较大的地方，以吸引消费者眼球，要主动邀请消费者观看或尝试，主动询问消费者观看或尝试后的感觉，并在消费者观看或尝试后表达谢意。

三、着装知识与技巧

通常，消费者与店员的交往仅限于交易行为，往往都是初次接触。从消费者的视角而言，连锁经营企业门店店员的穿着会给其直接留下第一印象，能看出一定的经营风格，也能评定所销售商品质量的优劣。

1. 着装的基本要求

总体来说，店员着装的基本要求有以下三个方面：

(1)职业性

目前，店员的服饰有制服和便装两种，其设计或选用要符合企业的工作性质，制服能激励员工产生一种向心力和归属感，便服能体现店员的个性，展现门店的活力。

(2)整洁性

店员的着装干净整洁，能给消费者带来一种清新的感觉，能激起购买的欲望。反之，一个蓬头垢面、穿着不干净的店员往往会使消费者望而却步。

(3)整体性

通常连锁经营企业提供的店员制服仅有上衣，有的连锁经营企业虽然没有制服，但提供统一的围裙，因此着装的整体性非常重要。首先是服装搭配要显得落落大方，不宜选用过于新潮、夸张的款式，还要注意色彩的协调，不同的色调会给人不同的视觉效果。其次是着装要与自身体型相符，展现自己的最佳外形。

2. 着装的基本技巧

(1)男士店员着装

男士店员着装的要求有四个方面：一是服装的选用，如果身穿制服，搭配较宽松的西裤较好，显得庄重，如为牛仔裤，则显得过于随便，如果无制服，选择西装较好，得体的西装会使你显得气质高雅；二是衬衫的选用，衬衫的色彩要与制服或上衣相协调，通常为白色和天蓝色；三是领带的选用，领带的颜色必须要与制服或上衣相协调，领带长度要合适，打好的领带尖端应恰好触及皮带扣，起到画龙点睛的作用；四是鞋子的选用，可根据不同工作岗位的特点选择休闲鞋或皮鞋，结合服装的整体要求，可选择黑色、棕色、白色等颜色。

(2)女士店员着装

女士店员着装的要求有三个方面：一是服装的选用，如果身穿制服，搭配裙裤较好，显得温雅、亲切，如果没有制服，选择职业套装较好，会使你显得神采奕奕；二是袜子的选用，袜子的颜色要与套裙的颜色相搭配，通常选用肤色或黑色的为好，切勿穿着勾丝的丝袜，不太雅观；三是饰品的选用，饰品要与整体服饰相搭配，尽量选择同一色系，不宜佩带过多，能够起到锦上添花的作用。

四、仪容仪态与要求

仪容仪态是指人的外表，包括容貌、服饰、姿态和风度等方面。良好的仪容仪态是连锁经营企业门店的重要形象，在服务周到的同时也给消费者带来了美的享受。良好的仪容仪态的具体要求如下：

1. 适宜地化妆

女店员进行适当地化妆，是对消费者的一种尊重，也能增色。化妆要自然大方，以淡妆为宜，不能浓妆艳抹。化妆要适合自己的工作特点，如化妆品店员，不妨把自己装扮得亮丽一些，显得神采飞扬、端庄大方，让消费者直接产生一种亲切感和信赖感。

2. 整洁的仪容

男店员在日常工作中无须化妆，但需要保持整洁的仪容，要经常理发修面，头发要保持清洁，尤其不要留长发和胡须，以最佳的仪态面对消费者。

3. 良好的卫生习惯

店员要注意自己的个人卫生，要做到勤洗手、勤剪指甲、勤换衣服、勤洗澡，上班前不要吃带异味、刺鼻的食物，不要饮烈性酒，以免使顾客产生厌恶情绪。

4. 优雅的仪态

仪态是指人在行为中的姿态和举止。优雅的仪态是人美好气质的重要体现，是良好人格修养的外在形式，能传达出文化内涵和情感信息。优雅的仪态主要表现为三个方面：一是站姿，女店员的身体距离柜台约一拳，两手自然下垂，也可在腹前交叉，左手在前握住右手，两手大拇指叠于掌心内侧。男店员的双手在后背交叉，右手在内，左手在外，两手大拇指置于掌心处，双脚分开与肩同宽，两眼注意观察来往顾客的动向，目光亲切自然。当顾客来到柜台并接受服务时，店员将双手轻放于柜台，身体略微向前倾，使自己更好地同顾客交流，及时准确地为顾客取货。二是坐姿，店员应从椅子的侧面进入座位，动作要轻柔缓慢、优雅稳重。入座时应采用背向椅子的方向，右腿稍向后撤，使腿肚贴在椅子边，显得端庄娴雅。入座后，双脚并齐，手自然放在椅子扶手上或轻放在桌面下。三是走姿，上体正直，挺胸收腹，精神饱满，步伐稳健。

五、沟通知识与技能

1. 店员的沟通艺术

店员在为顾客服务中的沟通要点有三个方面：一是探询，即询问顾客，在与顾客交谈时，店员应不时地用自己的语言把顾客的需求表达出来，也可复述顾客的原话，向顾客暗示自己明白其意；二是反应，即对顾客的倾听做出反应，店员要对顾客所顾虑和关心的事情表示理解，要抓住顾客的真实想法，尊重其观点；三是告知，即告诉顾客将会采取的措施，告知的实质是给顾客吃一颗定心丸，让其放心。

相关知识

店员语言表达示例

顾客不喜欢听的语言	顾客喜欢听的语言
1. 唉，不行，我也没办法。	1. 我想想办法，看看能怎样帮您……
2. 我不知道，您自己去找厂家吧！	2. 我可帮您向厂家咨询，马上给您回复，可以吗？
3. 那不是我的错。	3. 我们一起看看问题出在哪里吧。
4. 等一等，我正忙着呢。	4. 请稍后，先看看产品说明好吗？
5. 冷静点，别激动！	5. 我能理解您的心情。真抱歉，给您添麻烦了。
6. 这产品不是我卖的，你去找卖给你产品的人吧。	6. 看看有什么可以帮到您？
7. 这个事情很难办！	7. 对不起，您看这样……如何？
8. 唉，这款产品的使用方法我都讲了好几遍了。	8. 那我再讲一遍，这款产品的使用方法是……
9. 你自己先试试就知道啦。	9. 您先使用一下，如有问题，请随时与我联系。

2. 店员的表达艺术

相关研究表明：55％的印象来自对方的体态语言；38％的印象来自对方说话的语气和语调；7％的印象来自对方的口头语言。因此，店员应善于运用体态语言，选用恰当的词语，辅以合适的语气与顾客进行沟通。具体方法是：端庄的坐姿或站姿，以良好的精神状态去面对顾客，显示出对顾客的尊重；身体微微前倾，目光接触，并不时地点头，表现出对顾客说话内容的关注或赞同；表情中流露出真诚，并面带微笑，让顾客感受到友善；与顾客沟通的内容要清晰，声音要柔和，避免产生误解。

六、接待用语与要求

店员在为顾客的服务过程中，主要有迎宾、接待和送客三个基本阶段。在这个过程中，主要是通过语言来进行交流的。因此，店员要讲究语言艺术，提高使用接待用语的技巧。

1. 迎宾语言的规范

迎宾语言的规范是店员在销售过程中，反复实践形成的，并通过某种风俗、习惯和传统的行为方式固定下来。店员在等候顾客时，要面带微笑、双手放前、身体挺直，显示出良好的工作状态，见到顾客就说："您好，欢迎光临""您好，您买点什么？"等迎宾语，声音要柔和，音量要适中。

2. 接待语言的规范

接待语言要简洁礼貌，迅速切入销售重点，拉近与顾客的距离，尽快地完成销售行为。例如，当顾客说"请拿这个给我看一下"，店员应面对着顾客回答，"好的，请您稍等一下"，然后再拿出商品；如果拿商品的时间较长，事后要对顾客说，"让您久等了"；当商品无货时，要对顾客表示歉意，"真对不起，这种商品刚好卖完，不过，请留下您的姓名和电话，一到货，我马上通知您，好吗？"；当顾客购买完商品要离去时，应对顾客说一声"谢谢您的惠顾"或"谢谢您的光临"；当顾客对货品和服务提出建议或意见时，不管是否正确，都要向顾客表示，"好的，谢谢您！"；当顾客夸奖店员时，应该马上用"谢谢您！"给予回报，不能心安理得或无动于衷。

3. 送客语言的规范

送客语言是当顾客结账后即将离开门店时，店员表示感谢与再次欢迎的语言。例如，"先生再见，希望再次见到您！"、"欢迎您下次惠顾！"等等。送客语言要亲切，能使客人产生购物的愉悦感，促使其再次光顾。

体验活动

一、活动背景

根据自愿组合的原则，由 5 名学生组成一个学习活动小组，每个小组成员分工协作，选择本地区的一家连锁便利店开展门店店员基本素养的认知活动。

二、活动要求

根据连锁企业店员基本素养的有关知识，请将该店店员基本素养的具体内容填写在下列表格中。

连锁企业名称（门店名称）	岗位能力	交流能力	仪容仪表

活动评价

团队成员活动测评表

测评内容	评判标准	总分	自评分
连锁企业名称/门店名称	不填，扣 10 分；缺 1 个，扣 5 分	10	
岗位能力	不填，扣 50 分；缺 1 个，扣 50 分	50	
交流能力	不填，扣 20 分；缺 1 个，扣 5 分	20	
仪表仪容	不填，扣 20 分；缺 1 个，扣 5 分	20	
合　计		100	

团队活动测评表

测评内容	评判标准	总分	团队自评分
团队合作完成质量	较好达到目标	20	
	基本达到目标	15	
	未完成目标	15	
团队协作精神情况	互助精神较好	20	
	互助精神一般	15	
	互助精神较差	15	
合　计		100	

学习情境二　连锁经营企业店员基本工作

店员是在连锁经营企业门店中对消费者直接服务的工作人员，根据企业的不同规模、不同经营方式、不同经营内容等，店员的岗位有导购员、理货员、收银员、防损员、清洁员等。本单元主要介绍前三个主要岗位的工作及要求。

学习指南

一、导购员的基本工作

导购员的工作主要是引导顾客，帮助消费者做出决定，实现购买。在具体的工作中通过现场恰当的举止和优质的服务，给顾客留下美好的印象，从而树立良好的品牌形象和企业形象，使顾客当场购买或在未来形成购买冲动。

1. 导购员的工作守则

导购员在商品销售过程中，是实现商品与货币交换的关键人物。导购员的工作守则主要有以下三个方面：

(1)树立良好的职业观念

导购员应树立这样一个职业观念：没有不能成交的顾客，只是对顾客不够了解；没有不能成交的顾客，只是方法与策略不正确；没有不能成交的顾客，只是无法获得顾客的信赖。

(2)具备良好的职业心态

导购员应具备热情、自信、耐心和恒心：有了热情，工作才会主动有效；只有充满自信，才能感染客户，才有可能使客户愿意购买你介绍的产品；要满足客户的自尊与自信需要，要耐心回答客户的每个问题，无条件地包涵客户的一切过失；要有持之以恒的精神，才能经得起挫折。

(3)热爱本职工作

导购员要爱岗敬业，具有主人翁精神、团队合作精神。

2. 导购员的营销技巧

导购员的营销技巧主要有以下六个：

(1)问题接近法

问题接近法是指导购员直接向顾客提出有关问题，通过提问的形式激发顾客的注意力和兴趣点，进而顺利地过渡到交易话题。

(2)好奇接近法

好奇接近法是指导购员利用顾客的好奇心理，介绍商品的功能和使用方法，驱使其做出购买的决定。

(3)利益接近法

利益接近法是指导购员直接把商品能带来的利益告知顾客，吸引其做出购买的行为。

(4)演示接近法

演示接近法是指导购员通过现场演示显示出商品的亮点，使其产生购买的欲望。

(5)送礼接近法

送礼接近法是指导购员通过赠送礼品的方法来引起顾客的注意和兴趣。

(6)赞美接近法

赞美接近法是指导购员通过对顾客身上某个亮点进行赞美，来对顾客介绍相关商品的方法。

3. 导购员的工作技巧

导购员要善于揣摩顾客的心理，根据顾客已经表现出来的行为特征来分析和判断顾客的大致性格，从而有针对性地进行服务。

(1)对沉默寡言型顾客的攻略

当看到顾客较多地停在某一款产品前时，可问"您喜欢什么商品?"再自然地把这款产品介绍一下，这类人一般很少当时购买，目的是让其对所看中的产品留下深刻的印象。

(2)对谨慎稳定型顾客的攻略

对这类顾客要态度沉稳、耐心细致地给他介绍，该类型往往是最难也是最容易打动的顾客，这就要看导购员的说服力和推销技巧了。

(3)对犹豫不决型顾客的攻略

对这类人应亲切热情地介绍商品的特性、功能和亮点,帮助其挑选,鼓励其试用,并用夸奖的语气称赞,促使其下定决心购买。

(4)对豪直爽快型顾客的攻略

导购人员可根据其的喜爱或特征迅速做出推荐,言语干脆、动作麻利、服务周到,促成其当场购买。

(5)对主观好强型顾客的攻略

这类顾客有自己独到的眼光、选择标准,导购员要顺着他的意思陈述自己的看法,提出建议。

(6)对轻松闲逛型顾客的攻略

这类顾客把逛街作为一种休闲方式,并没有特别的购买目的,导购人员可对其宣传,也许交易就会不经意地实现。

二、收银员的基本工作

连锁经营企业门店大多采用自选式销售方式,顾客可在店内随意选购,再到出口处收银台进行一次性付款。收银员规范的收银操作,能增强顾客对门店的好感,会产生再度光临的意愿。

1. 收银员的工作守则

收银员的工作守则主要有以下六个方面:

(1)不准携带现金

收银员在上岗前将携带的私款放入自己的衣柜,或请人代管,避免被误认为店内公款。

(2)不准在收银台上放私物

如有私人物品放置在收银台,则容易与顾客的退货混淆,引起他人的误会。

(3)不准擅离岗位

收银员擅自离岗,会引起要结账顾客的不满,且收银机箱或柜台内有现金、发票等重要物品,也可能产生风险。

(4)熟悉商品价格

收银员掌握商品价格信息,可尽早发现错误的标价,可尽快向顾客解释,避免纠纷。

(5)不准嬉笑聊天

收银员在工作时间嬉笑聊天,会给顾客留下不良印象,损坏企业形象。

(6)热情回答顾客询问

收银员必须掌握门店特色服务的内容、促销活动、特价商品及商品存放位置等信息，这样可及时回答顾客的询问，提高服务效率，增加门店业绩。

2. 收银员的工作管理

收银员的工作主要有以下三个方面的管理要求：

(1)交接班前

上一班填写接管日报表、交班簿，下一班签到、阅读交班簿，并清点商品、签名、交班金，备妥找零金。

(2)交接班

互相清点交班金与兑换找零金，按收银机责任键，交班人员清点当班实收现金，填写现金记录表。

(3)交接班现金管理

收银机通常以 2 000 元左右作为交班金，兑换找零金预留不超过 5 000 元，早班、中班通常在收银机内保留 3 000 元以下现金，大夜班则保留 2 000 元以下现金，以防被抢。

三、理货员的基本工作

门店理货员的基本工作是对所销售的商品加以分类、存放、复查、陈列和整理等，陈列商品时须做到清洁美观、整齐丰满、易取易放，并便于搬运、盘点和操作。

1. 理货员的工作守则

理货员的工作守则主要有以下五个方面的内容：

(1)规范服务

理货员必须执行门店服务规范，做到仪容端庄、仪表整洁、礼貌待客、诚实服务，严格遵守各项管理制度。

(2)熟悉商品

理货员要掌握责任区内商品的基本知识，包括商品的名称、规格、等级、用途、产地、保质期限、使用方法、包装标志和商品标价知识等内容。

(3)规范作业

理货员应依据岗位作业流程开展工作，严格按照商品配置表进行商品的定位陈列及陈列商品的整理，正确打印及粘贴价格标签，检查商品有效期，补货上架。

(4)保护商品

理货员必须了解治安防范要求，防止商品损坏和失窃。

(5)维护设备

理货员要维护门店的基本设备，负责责任区的清洁。

2. 理货员的工作管理

理货员的工作管理主要有以下五个方面：

(1)领货作业管理

理货员因补充货架商品去库房领货，要填写领货单，注明商品的大类、品种、货名、数量及单价，凭其取货。

(2)商品陈列管理

理货员根据商品配置表的具体要求，将规定数量的标好价格的商品，摆放在规定货架的相应位置。

(3)标价作业管理

理货员将商品代码和价格以标签方式贴于商品包装上，每个商品都要贴上价格标签，以利于顾客识别商品价格，也利于门店进行商品分类、收银、盘点等作业。

(4)变价作业管理

理货员收到连锁经营企业总部采购部门的变价通知后，进行变价商品标价的更换，如价格调高，去掉原价格标签纸，重新打印价格，如价格调低，可将新标签贴在原标价之上。

(5)补货作业管理

理货员将标好价格的商品按指定的陈列位置，定时或不定时地补充到货架上。

四、店员处理退换货

1. 商品退换的条件

退换货主要有以下四个条件：

(1)一般性商品只要不残、不脏、不走样、没有使用过、没有超过规定期限、不影响再次出售的，均可退换。

(2)有些商品使用过，但对其质量、使用价值不构成任何影响，应予以退换。

(3)销售时，商品已过期失效、残损变质，即使失效，也应予以退换。

(4)食品、药品、剪开丝缎的大量商品、购买后超过有效期的商品、不易鉴别内部零件的精密商品、售出之后不再经营的商品、难以区别质量的贵重商品、明显污损不能再次出售的商品，一概不能退换。

2. 商品退换的处理

店员处理退换货时，要倾听顾客退换的原因，视不同情况做出正确处理。具体方法如下：

(1)退换商品经检查，只要没有污损，不影响再次出售，应主动予以退换货；

(2)退换商品在出售前确有质量问题或过期失效、残损变质、短斤缺两等现象，应主动予以退换和道歉，如果顾客因此蒙受损失，还应当予以赔偿；

(3)因顾客使用不当或保管不善而造成商品变质的，原则上不予退换；

(4)顾客购买后的过期商品与处理商品，一律不得退换；

(5)对可退换可不退换的商品，原则上以退换为主。

五、店员的盘点工作

盘点是门店发现商品损耗和差错的最有效的方法，是商品库存管理的重要环节。通过盘点，可及时发现问题、查找原因、采取措施，提高门店运营的经济效率。

1. 盘点前的准备工作

通常盘点安排在营业结束后进行，不影响次日营业，如需要闭门盘点，则事先须发布告示。盘点前须做到“三清、两符、一归”：三清是指票证数清、现金点清、往来手续清；两符是指账账相符、账单相符；一归是指商品分类存放。具体准备工作的内容如下：

(1)整理商品

盘点前须对商品进行整理，主要做好三方面的工作：一是暂停从仓库提货，将柜台上的商品进行分类整理并归位；二是整理库存商品；三是对代管代销、货到单未到的商品，应分开存放，以免与入账商品混淆。

(2)整理单据

单据主要包括进货单据、变价单据、净销货收入汇总表、报废品汇总表和赠品汇总表等。

(3)准备盘点工具

盘点工作内容有两个方面：一是准备好有关的度量衡等盘点工具；二是准备好盘点表，并事先填好商品品名、规格、牌号、单位、单价等。

(4)盘点方式的选择

盘点的方式有很多种，通常采用日销日盘的方式。日销日盘是指在每日营业结束后，对某种商品进行盘点，日结日清，达到对该商品的加强管理。日销日盘方式主要适用于快讯商品、特价商品、季节性商品、新商品和畅销商品等。

2. 盘点中的作业

在盘点工作过程中，主要有以下三个关键步骤：

(1)初点作业

初点作业是按照先点仓库、后点卖场、由左而右、由上而下进行的盘点形式。每一台货架或储物柜都应被视为一个独立的盘点单元，使用单独的盘点表，以便于按盘点配置进行统计。初点作业通常由两人一组进行，一人点，一人记录。

(2)复点作业

复点作业是指初点作业后的一段时间内，复点者手持初点者已填好的盘点表，依序检查，再将复点的数字记入复点栏内，并计算出差异，填入差异栏。

(3)抽查作业

抽查作业是指针对卖场内死角或不易清点的商品，或单价高、金额大的商品，采用复点作业的方法进行检查。

3. 盘点后的工作

盘点后的工作主要有以下两个方面：

(1)核查盘点差异

通常在盘点后的次日，对差异数量、金额大的商品进行复点。一般情况下，盘损率应在2%以下，如超过2%，就说明盘点作业结果存在异常情况，要么是盘点不实，要么是企业经营管理状况不佳。

(2)完成盘点作业账册工作

盘点作业账册工作就是将盘点单的原价栏上记录的各商品原价和数量相乘，合计出商品的盘点金额。然后将每一张盘点单上的金额相加，得出合计的金额，并报财务部，作为门店业绩核算的依据。

体验活动

一、活动背景

根据自愿组合的原则，由5名学生组成一个学习活动小组，每个小组成员分工协作，选择本地区的一家连锁便利店开展门店收银员工作的认知活动。

二、活动要求

根据连锁企业店员工作的有关知识，请将该店收银员工作的具体内容填写在下列表格中。

连锁企业名称 (门店名称)	营业前工作	营业中工作	营业后工作

活动评价

团队成员活动测评表

测评内容	评判标准	总分	自评分
连锁企业名称/门店名称	不填,扣10分;缺1个,扣5分	10	
营业前工作	不填,扣30分;缺1个,扣5分	30	
营业中工作	不填,扣30分;缺1个,扣5分	30	
营业后工作	不填,扣30分;缺1个,扣5分	30	
合　计		100	

团队活动测评表

测评内容	评判标准	总分	团队自评分
团队合作完成质量	较好达到目标	20	
	基本达到目标	15	
	未完成目标	15	
团队协作精神情况	互助精神较好	20	
	互助精神一般	15	
	互助精神较差	15	
合　计		100	

知识与技能测试

一、单项选择题

1. 长时间离开收银岗位时,收银员应(　　)。

A. 将收银柜中的现金存回保险柜　　B. 锁好收银柜

C. 锁好收银机　　D. 托人代岗

2. 仪容仪态是指人的外表,以下错误的表述是(　　)。

A. 容貌　　B. 姿态　　C. 风度　　D. 语言

3. 有研究表明(　　)的印象来自对方的体态语言。

A. 40%　　B. 45%　　C. 50%　　D. 55%

4. 收银机通常以(　　)左右作为交班金。

A. 1 000 元　　B. 1 500 元　　C. 2 000 元　　D. 2 500 元

5. 早班、中班交接时，通常在收银机内保留金额在(　　)以下的现金。

A. 1 000 元　　B. 2 000 元　　C. 3 000 元　　D. 4 000 元

6. 发现(　　)等情况，一概不能退换。

A. 没有使用过的商品　　B. 购买后超过有效期的商品

C. 不影响再次出售的商品　　D. 销售时已过期的商品

7. 盘损率在(　　)以下是属于正常的情况。

A. 1%　　B. 2%　　C. 3%　　D. 4%

8. 针对不易清点的商品，或单价高、金额大的商品，应采用(　　)方法进行检查。

A. 复点作业　　B. 初点作业　　C. 抽查作业　　D. B 与 C

二、多项选择题

1. 连锁企业门店的店员主要是指(　　)。

A. 收银员　　B. 导购员　　C. 理货员　　D. 配送员

2. 店员的基本职业素质主要包括(　　)。

A. 专业知识　　B. 商品促销技能

C. 收银理货技能　　D. 礼仪沟通技能

3. 商品现场促销的形式主要有(　　)。

A. 现场操作演示　　B. 现场品尝食品

C. 现场试用商品与试衣　　D. 现场营造气氛

4. 现场营造气氛的形式主要有(　　)。

A. POP 广告　　B. 现场音乐　　C. 多媒体广告　　D. 现场操作演示

5. 收银员作业守则的基本内容是(　　)。

A. 不带现金、不放私人物品　　B. 不擅自离位

C. 熟悉有关商品价格　　D. 掌握收银操作要求

6. 当收银机出故障时，收银员应(　　)。

A. 通知有关主管　　B. 自行修理

C. 通知相关人员修理　　D. 启用备用收银机

7. 店员着装的基本要求是(　　)。

A. 时尚性　　B. 职业性　　C. 整体性　　D. 整洁性

8. 店员在为顾客的服务过程中，主要有(　　)基本阶段。

A. 迎宾　　B. 介绍　　C. 交易　　D. 送客

三、判断题

1. 收银员在接收顾客付款后应唱票确认收到的金额并对顾客唱付找零，以防误解。

(　　)

2. 营业结束后，店员应将账后款、票证及体积小的贵重物品交专人保管或存入保险柜，按

规定封存，不得带出门店和自行保管。 （ ）

3. 使用过，虽然对其质量、使用价值不构成任何影响的商品也不能退换。 （ ）

4. 男店员在日常工作中必须化妆。 （ ）

5. 对可退换、可不退换的商品，原则上以退换为主。 （ ）

6. 通常在盘点后的次日，对差异数量、金额大的商品进行复点。 （ ）

7. 初点作业是先点仓库、后点卖场的盘点形式。 （ ）

8. 盘损率超过 2%，就说明盘点作业结果存在异常情况。 （ ）

四、简答题

1. 简述连锁企业门店店员的基本素养。
2. 简述连锁企业门店店员的基本工作。
3. 简述连锁企业门店收银员的工作守则。

项目九　主管门店
——连锁经营企业店长管理

学习目标

- 了解连锁经营企业门店店长岗位的特征
- 熟悉连锁经营企业门店店长的基本素质要求
- 明确连锁经营企业门店店长管理工作的作用
- 掌握连锁经营企业门店店长的职责与基本工作内容

项目背景

常言道:“开不开店看老板,赚不赚钱看店长”。店长是门店运营的灵魂,是最高经营管理者,其综合职业能力与门店经营管理具有直接的必然联系,将关系到门店的声誉和运营的业绩,最终将对企业产生不同的影响。

周学海同学选择了连锁经营管理专业以后,就给自己定下了职业发展规划,做好店员,尽早成为店长。为此,他想要了解店长岗位的工作内容、岗位职责和基本素养。带着这些想法,他进入了本项目的学习。

学习情境一　连锁经营企业店长基本素质

连锁经营企业门店的运作主体主要是店长与店员,店长是门店的管理者,店员是完成实际工作的人员，通过门店的经营活动为顾客服务，从而实现企业经营目标。店长作为门店的最高管理者，其职业的基本素养与管理水平将直接影响整个门店的经营效益。

学习指南

一、店长岗位的特征

1. 店长的含义

店长是指连锁经营企业委派管理一个单独门店的管理人员职位名称，也是对自主经营门店业主的称谓。前者是门店的管理者，不具有对门店的所有权；后者既是门店的管理者，又是门店的所有者。

2. 店长岗位的特征

店长是一店之长，负责对本店人流、物流、资金流、信息流的管理，执行总部的决策与指令，主持对外的联系及事务处理。在实际工作中，店长岗位呈现出下列三大特征：

(1)门店经营的管理者

店长是门店的最高管理者。对内指导门店的经营，管理门店的日常工作，激励员工的工作热情，培养员工的高度责任心，形成良好的工作状态；对外代表门店处理有关消费者的投诉，向供应商进行采购，处理工商、税务等政府职能部门规定的各种事宜。在门店的经营管理中，店长主动与各方建立良好的人际关系，营造和谐的工作环境，维护门店的良好声誉，对提高门店的经营效益具有重要的积极作用。

(2)门店经营目标的执行者

店长应对总部负责，严格执行总部制定的经营方针、战略目标、产品政策、经营目标、管理制度，并接受总部有关职能部门的监督与指导。为了实现门店的经营目标，店长必须善于加强门店运营管理，调动全体员工的积极性，有效运用各种资源和手段，提升销售业绩，实现门店既定经营目标。

(3)门店员工的培训者

门店员工的业务水平与综合职业素质的高低，直接关系到门店经营的效益。店长除了日常管理工作以外，还要不断地对员工进行各项针对性的培训，包括心理素质、沟通技巧、商品促销等方面的内容，以提高门店员工的业务能力及整体服务水平。

二、店长职业素质要求

1. 职业道德

店长应具备良好的职业道德，具备一定的责任感、忠诚度和诚信度，能受到店员的尊敬，形成一定的领导力，有利于门店的经营管理工作。

(1)责任感

责任感是指店长要始终具有主动承担岗位职责的意识，并尽力做好职责范围内的各项工作。

(2)忠诚度

忠诚度是指店长要始终坚持自己的理念，忠于自己的使命、职责和事业，不发生违反企业经济利益的各种行为。

(3)诚信度

诚信度是指店长要在门店的经营管理过程中信守诺言，以自己的诚信去影响员工的行为，有助于门店良好形象的建立。

2. 经营管理

店长是门店的最高管理者，只有具备了经营管理的基本素养，才能有效实现门店既定的经营目标。其主要内容如下：

(1)领导决策能力

根据门店的外部市场环境和内部人员情况进行预测，进而拟订经营管理计划，并在实际工作中进行完善，保证门店经营管理方向。

(2)组织运筹能力

根据门店经营管理计划的要求，优化组织结构，配备有关人员，综合利用各种资源为实现门店的经营目标提供基本保障。

(3)分析控制能力

在实施门店经营管理计划的过程中，有时会偏离预期目标，这就要分析其差异的主要原因，通过相应的对策进行控制，保证该目标的顺利实现。

(4)沟通协调能力

由于员工的个性、素养、价值取向的差异和职责、地位的不同所产生的冲突，以及代表门店处理的有关事宜，都需要店长进行沟通、协调，化阻力为动力，提高门店的工作效率，加快门店经营目标的早日实现。

3. 心理

心理素质是人经过后天的环境影响、教育、培训和实践等综合作用而逐步形成的一种心理状态。良好的基本心理素质主要包括乐观的心情、积极开朗的心态和宽宏包容的心胸。良好的心理素质能帮助店长在激烈的商战中承受住各种压力，在经营管理工作中有效地施展出各种才能，并能在工作困境中生存，在经营危局中立足。

4. 岗位知识与技能

店长是门店的经营者，要熟悉每个工作环节，掌握相关的岗位知识与技能，这样才能在门店的日常工作中起到核心带头作用。这些岗位知识与技能主要有以下三个方面(见表9—1)。

表9—1　　店长所需的岗位知识与技能

岗位类别	岗位相关知识与技能
导购岗位	引导消费者的规范服务，POP管理工作，商品供求信息调研，顾客满意度测试，接待消费者投诉，协助理货员做好商品陈列工作，商品安全管理等
收银岗位	收银机规范操作，前台操作管理，备用金与销售货款管理，销售规范操作，岗位交接管理制度等
理货岗位	商品陈列管理，商品理货管理，商品安全管理，盘点方法与要求，门店设备与设施的基本维护常识等
仓储岗位	商品入库管理、库存商品管理，商品出库管理、退货管理、商品损耗管理等

体验活动

一、活动背景

根据自愿组合的原则，由5名学生组成一个学习活动小组，每个小组成员分工协作，选择本地区的一家连锁便利店开展门店店长工作的认知活动。

二、活动要求

根据连锁企业店长管理工作的有关知识，请将该店店长工作的具体内容填写在下列表格中。

连锁企业名称(门店名称)	职业道德要求	经营管理要求	心理要求

活动评价

团队成员活动测评表

测评内容	评判标准	总分	自评分
连锁企业名称/门店名称	不填,扣 10 分;缺 1 个,扣 5 分	10	
职业道德	不填,扣 30 分;缺 1 个,扣 5 分	30	
经营管理	不填,扣 30 分;缺 1 个,扣 5 分	30	
心理	不填,扣 30 分;缺 1 个,扣 5 分	30	
合　计		100	

团队活动测评表

测评内容	评判标准	总分	团队自评分
团队合作完成质量	较好达到目标	20	
	基本达到目标	15	
	未完成目标	15	
团队协作精神情况	互助精神较好	20	
	互助精神一般	15	
	互助精神较差	15	
合　计		100	

学习情境二　连锁经营企业店长基本工作

店长是门店的最高管理者,负责对本店的人流、物流、资金流、信息流进行管理,执行总部的决策与指令,主持对外的联系及事务处理。由于连锁企业的规模不同、经营方式不同、经营内容不同,在具体工作方面会有所差异。

学习指南

一、店长岗位职责

不同行业的门店店长有着不同的岗位职责,但其基本的职责内容大致相同。

1. 负责制定门店各项经营目标

根据总部下达的各项经营指标，店长应结合本店的实际情况和市场环境，制定年度销售计划(见样例9－1)，规定营业目标、毛利目标、费用目标和利润目标，并落实到月度计划、周计划和日计划中。

样例9—1 **年度销售计划表**

客户名称	预订货名	月/元	月/元	月/元	月/元	月/元	月/元	月/元	月/元	月/元	月/元	月/元	月/元	合计销售额	估计毛利
合　计															

2. 负责门店的人员配置与管理

(1)门店员工的配置

店长要根据实际岗位的工作量来分配相关工作人员，通常有定额法、比较法和计划法。定额法是将门店的所有业务依据流程进行分析，根据岗位的工作量计算出需要的员工数；比较法是以同类规模的门店进行参考，计算出每个岗位所需要的员工数；计划法是根据总部下达的员工数，结合门店业务作业标准，计算出每个岗位所需要的员工数。

(2)门店员工的管理

店长应尽职传达与执行总部的各项指令，负责对员工解释各项规章制度与运营管理手册的条文，根据门店的经营目标，加强对员工的规范管理。具体内容有三个方面：一是日常管理，负责对员工的考勤，监督员工的仪容、仪表和服务规范，主动协调员工之间的关系；二是业绩考核，合理评估员工的工作业绩，将其作为员工晋级、加薪和调离的基本依据；三是技能培训，对新员工和老员工开展有针对性的职业技能培训，包括商品基础知识、商品促销技巧和服务规范等内容，提升门店的形象。

案例链接　　麦当劳员工的绩效管理

麦当劳对员工绩效评估分为杰出表现、良好表现、须改善表现、不能接受表现四级。杰出表现员工的标准是工作成果远远超过目标绩效级别，对业务单元或小组或部门成果有杰出贡献，可作为榜样，其占总人数的20%；良好表现员工的标准是指达到并且有时超过目标绩效级别，预期目标均已实现，其占总人数的70%；须改善表现员工的标准是指工作部分成果达到目标，绩效不能令人满意，须改进；不能接受表现员工的标准是指几乎未达到任何目标，基本工作要求未做到，可予以解雇，须改善表现员工与不能接受表现员工占总人数的10%。绩效评估的权重分配，业绩成果占75%，其他表现占25%，两者合一为该员工的年度绩效评估。绩效等级评价方法：先由员工以书面形式回顾与总结业绩成果及其他表现，由其主管进行初评，再报上一级进行复审，并确定等级。如确定为现任人员，即可晋升；如确定为可胜任的晋升人选和未来可胜任的晋升人选，须作短时间的培养，约占总数的25%；新到职位人选，即无晋升条件。当然等级与工资直接相关，而且级差较大，让所有员工都能认识到可追求的目标。

3. 负责门店商品的销售与管理

(1)门店商品的销售

合理运用各种促销手段，积极开展促销活动，能提升门店的销售业绩。门店促销工作主要有两个方面的内容：一是制订促销计划。凡事预则立，不预则废。店长要根据门店的经营目标，针对门店的销售情况进行促销计划的制订，确保商品促销工作的顺利进行。二是开展适宜的促销活动。促销的时间应针对促销商品的特征，并根据该类商品的顾客群的消费习惯予以确定。促销活动要有亮点，只有新颖的促销方式才能吸引消费者。在促销活动中，员工要主动与消费者交流，要备足货品，及时补货，不能缺货，否则会让消费者产生上当受骗的心理。

(2)门店商品的管理

店长要通过商品的定位、商品的组合和商品的管理来提高门店的管理水平，通过门店商品的多元化陈列方式增强门店服务的特色及质量，全面提升连锁经营企业的竞争能力。同时店长还要了解商品的库存现状，向总部建议引进新产品，对滞销商品、损耗商品进行重点管理，提出对策和建议，将尽可能避免损失的发生。

4. 负责门店的收银作业与管理

(1)门店收银的作业

店长要对收银员进行收银作业全程管理与监督。主要内容包括:收银员在收银工作前,是否按规定做好准备工作;收银员在收银过程中,操作是否具有规范性与准确性,发生收银差异,是否根据处理的原则与方法进行处理;收银员在交接班的过程中,是否按有关规定执行。

(2)门店收银的管理

店长要根据总部的财务制度做好收银监督管理工作,每天及时将收到的销售款交到指定部门或网上账号,并完成各种报表的汇总及上报等工作。

5. 负责门店的销售服务与管理

店长要负责门店销售服务工作。在售前,要监督商品信息的管理,目的是向消费者有效传递商品供应信息;在售中,要监督员工的各种服务,如接待顾客的态度、商品介绍的情况、是否热情帮助顾客挑选等;在售后,要监督员工是否耐心地为顾客办理退货、送货和处理投诉等情况。了解顾客的满意度,及时掌握客户的意见,随时改进门店的各项工作。

相关链接

店长助理工作职责

通常在门店规模较大的情况下配备相应的副店长。副店长是店长的助手,有些公司又称其为店长助理或值班长。其具体职责如下:

1. 在店长休假或因其他情况不在期间,主持门店工作。

2. 门店经营管理工作计划制订后,协助执行各项具体工作,细致地逐项安排与落实,并且检查实际作业的效果。

二、店长每日工作事项

店长每日必须在有限的时间内,根据门店经营目标和工作要求,安排好每日的工作流程及工作内容,把握好门店运营管理的重点。

1. 店长每日工作时间

连锁经营管理企业因其经营目标不同,门店的营业时间也有所差异。通常店长作业时间,除每周必有一天实行全天工作制外,一般为早班出勤,在此时间段可了解门店销售的基本过程,掌握门店的营业销售状况,及时处理日常管理工作中发生的各种问题。

2. 店长日常工作重点

连锁经营管理企业门店店长每日工作流程及工作重点的内容如表 9—2 所示。

表 9—2　　店长每日工作流程及工作重点

工作时段	工作重点内容
营业前	自我检查；检查门店设备是否正常，检查卫生清洁状况，检查员工到岗情况，检查货品陈列情况（见样例 9—2）；召开早会，总结前一个工作日的情况，布置当天任务，明确工作要求；检查员工仪容、仪表，激励员工士气。
营业中	检查员工仪容、仪表；检查员工的工作状况，检查货架商品陈列情况；检查员工交接班情况；了解商品销售情况；巡视门店，处理有关事宜。
营业后	做好日报表；核对销售货款；检查入库或出库货物账目；检查安全情况；拟订次日具体工作。

样例 9—2　　货品陈列检查表

门店名称：＿＿＿＿＿＿＿＿＿＿　　当班店员：＿＿＿＿＿＿＿＿＿＿

检查内容	检查项目	分数	改进内容	整改时间
商品陈列	焦点区域内陈列的是否为当季产品；货架上的商品是否充足、整齐；主力商品是否有存货；陈列商品是否破损、不整洁，高、中、低三层所陈列的商品是否合理。			
广告标识	POP 海报是否破损，是否过期；广告品或相关产品是否放置在附近；货架产品标识是否缺损，视觉是否清晰；货架产品指示牌与产品陈列是否一致。			
陈列设备	货架是否破损，不随处粘贴标签；展台与产品陈列是否协调，空间是否合理；灯具是否缺损，光线照射是否协调；其他陈列设备是否安全，有无破损等。			

检查人：＿＿＿＿＿＿＿＿＿＿　　日期：＿＿＿＿＿＿＿＿＿＿

三、店长管理提升要则

店长肩负着门店经营管理的重任，必须不断提高自己的综合能力，才能在日趋激烈的市场竞争中屹立不倒。店长对门店管理主要做好以下三个层面的工作：

1. 建立门店管理系统

门店是连锁经营企业最小的组织机构，“麻雀虽小、五脏俱全”。店长需要从经营管理、团队管理、商品管理、财务管理和客服管理等方面确立门店管理系统，保障门店管理的有效运行。该系统的构建有四个步骤：首先，确立门店的核心工作。根据门店管理的实际情况，分析哪些管理工作是门店的最核心职能，是必不可少的内容。其次，分解核心工作。根据门店经营目标分解那些必须执行的、也无法代替的工作。复次，形成关键岗位。根据门店的核心职能与核心工作的分析，确定通过哪些岗位才能实现门店最核心的职能。最后，制定关键流程。根据关键岗位的工作关系确定操作流程，保障核心职能的稳步实现。

2. 提升门店团队作战能力

连锁经营企业门店的最核心职能是经营，最核心的工作是商品销售，最大的经营目标是经济效益最大化，最主要的途径是销售业绩，最大的保障是门店的整体团队作战能力。因此，店长不仅要重视销售人员素质的培养，更要从系统的视角，包括对收银员、理货员、仓库管理员等岗位人员进行管理，提升各岗位工作人员的综合能力，发挥团队最大的协同效应。

3. 突出店长的引领作用

俗话说，“兵熊熊一个，将熊熊一窝”。其道出人们对团队领导者之重要性的认可。店长是门店的领军人物，要突出店长的策划能力、组织能力、执行能力和服务能力的作用，通过店长的影响力、感召力、凝聚力和亲和力来有效贯彻门店的经营方针，落实不同的销售策略，不断提高团队的协同作战能力。

体验活动

一、活动背景

根据自愿组合的原则，由 5 名学生组成一个学习活动小组，每个小组成员分工协作，选择本地区的一家连锁便利店开展门店店长工作的认知活动。

二、活动要求

根据连锁企业店长工作的有关知识，请将该店店长工作的具体内容填写在下列表格中。

连锁企业名称 （门店名称）	营业前工作	营业中工作	营业后工作

活动评价

团队成员活动测评表

测评内容	评判标准	总分	自评分
连锁企业名称/门店名称	不填,扣10分;缺1个,扣5分	10	
营业前工作	不填,扣30分;缺1个,扣5分	30	
营业中工作	不填,扣30分;缺1个,扣5分	30	
营业后工作	不填,扣30分;缺1个,扣5分	30	
合　计		100	

团队活动测评表

测评内容	评判标准	总分	团队自评分
团队合作完成质量	较好达到目标	20	
	基本达到目标	15	
	未完成目标	15	
团队协作精神情况	互助精神较好	20	
	互助精神一般	15	
	互助精神较差	15	
合　计		100	

知识与技能测试

一、单项选择题

1. 店长岗位具有三大特征,以下表述错误的是(　　)。

A. 门店经营的管理者　　B. 门店的所有者

C. 门店经营目标的执行者　　D. 门店员工的培训者

2. 店长的出勤时间主要是(　　)。

A. 早班工作制　　B. 中班工作制　　C. 晚班工作制　　D. 全天工作制

3. 通常店长每天在营业前要召开(　　)。

A. 晚会　　B. 晨会　　C. 午会　　D. 总结会

4. 在店长休假或因其他情况不在期间,由(　　)主持门店工作。

A. 收银员　　B. 理货员　　C. 导购员　　D. 店长助理

5. 门店每天的销售款应及时交至(　　)。

A. 收银员　　B. 指定部门或网上账号

C. 门店保险柜　　D. 总经理

6. 店长对员工进行各项针对性的培训,以下表述错误的是(　　)。

A. 心理素质　　B. 沟通技巧　　C. 人员招聘　　D. 商品促销

7. 店长对商品陈列状况进行检查,以下属于店长检查范围的是(　　)。

A. 陈列商品是否为当季产品　　B. 陈列商品是否充足、整齐

C. 主力商品是否有存货　　D. 商品促销策划是否合理

8. 店长在营业前进行各项检查,以下错误的表述是(　　)。

A. 门店设备是否正常　　B. 门店卫生是否清洁

C. 配送商品是否到达　　D. 员工佩戴是否规范

二、多项选择题

1. 店长负责本店的(　　)的管理。

A. 人流　　B. 物流　　C. 资金流　　D. 信息流

2. 店长应具备的基本职业道德素养是(　　)。

A. 威严感　　B. 责任感　　C. 诚信度　　D. 忠诚度

3. 店长应具备的经营管理素养主要包括(　　)等方面的能力。

A. 领导决策　　B. 组织运筹　　C. 沟通协调　　D. 分析控制

4. 店长每天在营业过程中进行管理的主要内容是(　　)。

A. 检查员工的工作状况　　B. 检查商品的陈列情况

C. 检查员工的交接班情况　　D. 检查商品的销售情况

5. 门店员工的配置通常可以依据的方法有(　　)。

A. 定额法　　B. 定向法　　C. 计划法　　D. 比较法

6. 每日营业后店长的工作包括:(　　)。

A. 做好日报表　　B. 核对销售货款

C. 检查出入库货物账目　　D. 拟定次日具体工作

7. 门店店长在营业前的管理工作主要有(　　)。

A. 检查卫生状况　　B. 检查员工到岗情况

C. 召开早会　　D. 检查员工仪容仪表

8. 门店管理系统的构建步骤是(　　)。

A. 确立门店的核心工作　　B. 分解核心工作

C. 形成关键岗位　　D. 制定关键流程

三、判断题

1. 店长是总部决策的制定者与执行者。　　(　　)

2. 店长只负责对本店商品进行管理，不负责人员管理。（　）
3. 店长应根据总部下达的经营指标制订门店年度销售计划。（　）
4. 门店的促销计划应该由总部制订。（　）
5. 门店要每天及时上交销售款，并完成各种报表的汇总及上报。（　）
6. 店长作业时间为全天工作制。（　）
7. 店长要通过商品的定位、商品的组合和商品的管理来提高门店的管理水平。（　）
8. 定额法是将门店所有业务依据流程进行分析，根据岗位工作量计算员工数。（　）

四、简答题

1. 简述店长对门店员工管理的主要内容。
2. 简述门店商品促销工作的主要内容。
3. 简述店长管理的提升要则。